DE LA RÉVISION

DU

CODE DE PROCÉDURE

ÉTUDES

SUR LES PROJETS SOUMIS AU CONSEIL D'ÉTAT

PAR

T. CAMPENON

AVOCAT A LA COUR IMPÉRIALE DE PARIS

PARIS

AUG. DURAND ET PEDONE LAURIEL, LIBRAIRES

RUE CUJAS, 7

1867

DE LA RÉVISION

DU

CODE DE PROCÉDURE

PARIS, IMPRIMÉRIE JOUAUST, RUE SAINT-HONORÉ, 338

DE LA RÉVISION

DU

CODE DE PROCÉDURE

ÉTUDES

SUR LES PROJETS SOUMIS AU CONSEIL D'ÉTAT

PAR

T. CAMPENON

AVOCAT A LA COUR IMPÉRIALE DE PARIS

PARIS

AUG. DURAND ET PEDONE LAURIEL, LIBRAIRES

RUE CUJAS, 7

1867

Ce travail se compose en partie d'articles publiés en 1866 : ils ont été complétés sans perdre leur forme primitive.

Plusieurs compagnies d'officiers ministériels en avaient demandé la réimpression, et des chiffres récemment relevés, des indications plus complètes, ont permis de donner plus de précision à ce qui n'était qu'une série d'appréciations personnelles.

DE LA RÉVISION

DU

CODE DE PROCÉDURE

---

§ 1

De tout temps on s'est préoccupé de restreindre les frais judiciaires. A des intervalles presque réguliers, la réforme du Code de procédure a été agitée et annoncée officiellement : chacun des gouvernements qui se sont succédé en France a nommé des commissions, élaboré des projets, provoqué des enquêtes, inquiété des droits acquis, réuni des matériaux nombreux et inconnus. De ce mouvement réformiste rien n'est sorti. Ce ne sont pas seulement les révolutions, survenant à des intervalles réguliers, qui ont arrêté la réalisation de tous les projets ainsi élaborés : chaque fois qu'il a été question de toucher au Code de procédure, les réformateurs se sont aperçus qu'il fallait en même temps toucher à l'impôt, diminuer les recettes du budget, remanier notre division territoriale et administrative. Le problème a pris ainsi les plus graves proportions, et le législateur, qui croyait n'avoir qu'à modifier de vaines formalités, a reculé devant une tâche tout autrement lourde.

L'ensemble du Code de 1806, avec ses compétences réglées, ses longues et nécessaires procédures, son tarif plus ou moins complet, est ainsi parvenu jusqu'à nous sans recevoir d'atteintes sérieuses. C'est un de nos vieux monuments, car s'il porte les traces du régime impérial, il n'est bien souvent que la fidèle reproduction de l'ordonnance de 1667. Aujourd'hui qu'une architecture nouvelle triomphe, l'ancien édifice est menacé. Retouché, attaqué, remanié ici ou là, il va disparaître, et voici que deux projets qui se relient à un plan général et complet sont soumis au Conseil d'État : l'un élève jusqu'à 500 francs en premier ressort la compétence des juges de paix, l'autre enlève aux tribunaux de première instance les liquidations judiciaires de successions et les licitations d'immeubles au-dessous du taux de 5,000 francs.

Il faut donc se demander maintenant si le problème posé depuis longtemps est enfin résolu, si les procès vont moins coûter aux plaideurs sans que leurs intérêts soient compromis, si l'enregistrement et le timbre vont tout à coup renoncer à une partie des 400 millions qu'ils perçoivent annuellement, si dans chaque chef-lieu de canton nous sommes sûrs de trouver en 1867 un magistrat capable de résoudre seul, sans l'assistance d'autres juges, sans procédure, sans plaidoiries, des questions souvent graves et des difficultés souvent compliquées.

Pour quiconque sait ce qu'est un procès et ce que sont nos tribunaux de paix, la question doit être résolue négativement.

§ 2

Quelle est l'intention loyale des législateurs qui changent la procédure usitée en France depuis soixante ans? — Sur 100 francs que paye forcément, légalement un plaideur, les législateurs veulent lui faire économiser 25 ou 30 francs. Tel est, tel doit être l'objet excellent d'une loi nouvelle réduite à ses termes les plus simples; tel est notoirement l'objet des nouveaux projets.

Mais cette somme de 100 francs, prise ici à l'état de

type, ne représente pas seulement des actes, des écritures, une série de feuilles de papier échangées entre des avoués : elle représente pour la moitié au moins un impôt; pour l'autre moitié elle correspond à un salaire légitime, à une représentation forcée, à une constatation nécessaire des points en litige, à la garantie donnée à toute transaction judiciaire.

Les législateurs ont dû se demander sur quelle moitié porterait la réforme.

La raison semble vouloir que l'on diminue d'abord et surtout la partie des frais qui ne représente ni une nécessité ni un avantage pour les parties en cause, mais un véritable impôt indirect.

Il y a quelques bonnes raisons à donner pour demander à l'État de renoncer à ce bénéfice réalisé sur le plaideur. Celui qui est forcé de venir en justice réclamer des dommages-intérêts parce qu'il a été blessé par accident, celui qui appelle les tribunaux à son aide pour faire exécuter loyalement des conventions, est un contribuable *malgré lui :* il a tout fait pour éviter un procès. Pareil au malade que le mal frappe inopinément, il est déjà assez malheureux d'avoir besoin des hommes de science qui peuvent le sauver et qu'il devra payer, sans être encore forcé d'acquitter un droit entre les mains de l'État, qui ne le sauve pas et qui se fait cependant payer par privilége.

Une seule mais excellente raison milite en faveur de cet impôt : il a pour corollaire l'engagement que prend l'État de donner aux plaideurs des juges capables, une justice sûre et des officiers ministériels tenus par la loi de représenter et de défendre fidèlement les parties. Mais si l'on enlève l'intervention de l'officier ministériel, si l'on réduit les procès peu importants à n'être plus qu'un débat devant un juge de paix peu éclairé, les procédures des ventes à n'être plus qu'une comparution devant un notaire de campagne; — si en même temps l'on maintient dans une proportion presque égale les droits de timbre, de transcription, d'enregistrement, le plaideur n'économise qu'une faible partie de ses frais; il paye les mêmes droits au Trésor et n'a plus les mêmes garanties.

Nous sommes loin de méconnaître ce qu'il y a d'exagéré dans certaines procédures, mais nous voudrions que l'on reconnût de même ce qu'il y a d'excessif dans certains droits fiscaux. Il est difficile aux législateurs de faire cette concession : tout en se dévouant à la reconstitution d'un Code de procédure, ils ont la très-délicate mission de mettre en équilibre notre budget. L'impôt, qui suit impitoyablement sa marche ascendante, s'oppose toujours à ce que l'on diminue en rien l'enregistrement, le timbre, les droits de greffe. Toutes les administrations fiscales — auxquelles nous devons pour une bonne part la prospérité financière du pays — lancent leur *veto* sur toute combinaison qui ferait porter de leur côté la diminution.

Dès lors, il faut opter entre deux alternatives : ou ajourner à des temps financièrement meilleurs la réforme annoncée et ajouter un projet de plus à tous ceux qui reposent dans les archives de la Chancellerie, — ou bien frapper presque exclusivement sur l'autre portion des frais de justice, supprimer ou l'intervention ou le salaire de l'officier ministériel.

C'est ce système qui tend à triompher.

§ 3

Entre le public qui plaide et qui paye et l'État qui rend la justice et perçoit des droits, notre législation et les nécessités même de tout ordre social ont créé des intermédiaires aussi indispensables au fonctionnement de la justice qu'au recouvrement de l'impôt : c'est l'officier ministériel. Son rôle est double : il est le mandataire des parties devant chaque juridiction, il fait à leur place des actes, des écritures, des démarches obligées qu'elles ne sauraient faire; mais en même temps il est un véritable agent de perception pour le Trésor et de recouvrement pour l'impôt.

Toutes les fois qu'il écrit vingt lignes, l'État en profite plus que lui-même, plus que le plaideur.

Toutes les fois qu'il réclame un émolument, il poursuit un véritable débiteur de l'État.

Le public cependant ne voit en lui qu'un intermédiaire forcé et qu'un créancier avide sur lequel retombent tous les reproches. L'idée émise de supprimer, du moins de restreindre le rôle de l'avoué et de l'huissier devient ainsi populaire; et chaque fois qu'un gouvernement annonce un changement dans nos procédures, la même tendance se manifeste sous la même forme : « A quoi bon ces mandataires officiels? pourquoi cette série d'actes obligés? quelle est l'utilité de ces écritures coûteuses? »

A ces réclamations les nouveaux projets paraissent donner complète satisfaction, et ce n'est pas un de leurs moindres dangers. Ils acquièrent ainsi une popularité qui est imméritée ; ils *déplacent* les frais que tout plaideur doit payer parce que tout travail mérite salaire, ils opèrent un véritable *virement* dans les frais judiciaires, et rejettent en dehors du tarif certaines dépenses forcées, indispensables, inévitables, en y laissant celles qui représentent seulement l'impôt. Sous leur empire, quiconque aura un procès payera moins de par la loi et le tarif, mais dépensera presque autant de par la force même des choses, soit qu'il prenne un représentant *officieux*, soit qu'il perde son temps — et le temps est un capital pour le marchand, le laboureur — à aller de greffe en greffe, chez le notaire ou chez le juge de paix.

En un mot, c'est sur l'intermédiaire officiel, sur le mandataire *légal* des parties, que l'on va frapper ; c'est en restreignant soit son entremise, soit son émolument, que l'on dégrève le plaideur.

Or le plaideur a besoin partout et toujours d'un mandataire ; si la loi ne le lui donne pas, il en prendra un en dehors de la loi. Il en prendra un pour un procès de 500 fr. comme pour une vente, pour discuter un cahier des charges comme pour voter à un conseil de famille.

Quel que soit ce mandataire, son emploi nécessitera une dépense : si cette dépense n'est pas réglée et prévue par la loi, elle n'en sera pas moins la conséquence forcée de tout procès, et à la place de l'avoué, dont la vacation est tarifée à 5 fr., il y aura l'homme d'affaires qui compte ses heures et se fait payer d'avance.

Il sera donc permis de vanter les bénéfices du nouvel ordre de choses en disant : « Avant 1867, tel pro-
« cès coûtait 100 fr. ; maintenant, le même procès ne

« coûte que 75 fr. La réforme est accomplie! » Mais les gens pratiques répondront: « Avant 1867, tous les « frais étaient payés, parce qu'ils représentaient tous « les frais nécessaires s'élevant à 100 fr.; maintenant, « vous laissez à la charge des parties une série de « frais également nécessaires que vous ne taxez pas. « Nous dépensons toujours 100 fr., et nous avons « moins de garanties. La réforme est illusoire. »

§ 4

Élever la compétence des juges de paix pour telle ou telle catégorie d'affaires, c'est soumettre ces affaires à une juridiction devant laquelle la loi n'exige point la représentation des parties par un avoué. C'est donc pour cette série de procès supprimer le rôle de l'officier ministériel.

On a posé dans notre législation une règle absolue, c'est que, pour maintenir l'égalité entre les plaideurs et faciliter la solution de leurs différends, le ministère de l'avoué serait nécessaire. Mais à cette règle une exception a été faite en faveur des justices de paix, dont la compétence, limitée en dernier ressort à 100 fr., ne pouvait s'étendre qu'à des affaires peu importantes. Le législateur n'a pas voulu que les frais pussent jamais dépasser le principal, qu'un plaideur pût renoncer à faire valoir un droit reposant sur un capital de 100 fr. par la pensée qu'il s'exposait à payer le double.

Il est libre à chacun de se faire représenter par un avoué devant le juge de paix; la majeure partie des plaideurs sont forcés même d'employer des mandataires ou des agents d'affaires; mais quel que soit l'intermédiaire mis en œuvre, les frais qu'il a nécessités, les rétributions qu'il a exigées n'entrent point en taxe, c'est-à-dire que le *perdant* n'en doit point le montant, que le *gagnant* les garde à sa charge.

C'est ce régime exceptionnel qui va s'étendre aux procès d'une importance de 500 fr., à des liquidations de 5,000 fr.

En voyant ce brusque changement, chacun de nous est autorisé à s'en demander la cause. Il n'apparaît pas que l'intérêt public l'exigeât, encore moins que les avantages recherchés et annoncés soient réels. Mais ce qui en résulte, ce qui semble en ressortir logiquement, c'est que quiconque a un procès peut se passer d'un avoué; car vraiment, s'il était rationnel de supprimer un intermédiaire obligé quand les frais qu'il représente pouvaient absorber le capital en litige, lorsqu'il s'agit de 500 fr., surtout de 5,000 fr., le même motif ne peut être invoqué. Dès que le législateur établit arbitrairement une démarcation, ou il sacrifie au-dessous du *minimum* de compétence des tribunaux civils l'intérêt des plaideurs à un désir exagéré de simplification, ou il impose au-dessus de ce chiffre des formalités inutiles, des frais frustratoires, des complications sans raison d'être.

§ 5

Voilà le point de départ de toute discussion sur cette question. La conséquence logique à tirer de la réforme projetée, c'est non-seulement dans le présent une perte considérable pour les officiers ministériels, mais encore la mise en question de leur existence. En effet, au lieu de 500 fr., pourquoi pas 1,200, pourquoi pas 2,000?

Nous sommes persuadé que, dès qu'on s'engage sur cette voie, l'entraînement est facile; nous sommes convaincu que si le projet de 1867 devait triompher, comme il ne produirait aucun résultat pratique, comme il ne diminuerait les frais de justice que pour augmenter la série des frais indirects et extrajudiciaires, comme il mécontenterait justement tous les intérêts qui se rattachent aux officiers ministériels, les reproches auxquels le législateur paraît vouloir donner une satisfaction se renouvelleraient bientôt. Ces reproches seraient alors vraiment fondés, car la plainte du public prendrait origine dans ce qui ressemblerait fort à une déception. On en arriverait ainsi à de nouveaux changements, à une nouvelle modification dans la compétence des justices de paix, et l'existence des officiers ministériels se trouverait de nouveau mise en question.

Nous avons ainsi à combattre dans l'avenir une tendance, dans le présent un danger, — à ces deux points de vue un système qui diminue la situation des greffiers, des avoués, des huissiers, qui porte une atteinte vicieuse à leurs droits, qui compromet les intérêts du public.

C'est là le point très-grave du débat et celui qu'il importe de traiter d'abord.

— Point d'avoués dans les chefs-lieux de canton.

— Point d'avoués, et par conséquent point de procédures, dans les affaires que la nouvelle loi enlève aux tribunaux civils.

Est-ce un bien? Est-ce un mal? Dès qu'un procès présente une certaine importance, une telle simplification n'équivaut-elle pas à la suppression de la meilleure des garanties? L'innovation ne tend-elle pas à développer une des plaies de nos campagnes : les *hommes d'affaires*, et s'ils sont tolérés maintenant, ne vont-ils pas devenir nécessaires!

Il est facile de répondre à la question, car sur ce point nous avons tenté pendant six années une expérience décisive; elle a été radicale et ses résultats ont acquis une authenticité trop certaine.

§ 6

La France a appris, du 3 brumaire an II au 7 ventôse an VIII, ce que peuvent coûter les procès en l'absence d'officiers ministériels. Pendant ces six années, toute procédure fut supprimée, tout plaideur put se faire représenter par des mandataires ou se défendre lui-même; il n'y eut plus ni avoués ni huissiers, et jamais la justice ne fut plus chère, les procès plus nombreux, plus longs, plus inextricables, les frais plus accablants.

Rien de plus simple que l'économie de la loi du 3 brumaire an II. Elle réduit tout procès à un débat en justice de paix.

L'affaire s'engage par un simple *exploit* énonçant les motifs de la demande. Les parties se présentent elles-mêmes ou par un fondé de pouvoir. Aucune procédure n'est échangée : on peut simplement remettre un mémoire aux juges, et ce mémoire doit être lu à l'audience par l'un d'eux. Les fondés de pouvoir des parties sont sans droit pour former contre elles aucune répétition afin de recouvrer leur salaire. Aucun autre frais n'est à la charge du plaidant condamné que ceux de la citation et du jugement.

Voilà sans doute l'idéal des réformateurs! Il faut ajouter que les juges étaient alors électifs. Tout citoyen âgé de vingt-cinq ans pouvait être juge (13 et 19 octobre 1792). Tout juge devait opiner à haute voix (3 brumaire an II).

Que la justice pût être mal rendue, que les passions politiques pussent en troubler l'action, les meilleurs esprits de la Convention le prévoyaient sans doute, l'admettaient même comme un inconvénient inévitable et temporaire. En revanche, ils croyaient doter le pays d'une justice prompte, presque instantanée, mettre fin aux procès, les rendre faciles pour tous, en réduire enfin les frais à une dépense presque nulle. Quel temps semblait mieux se prêter d'ailleurs à une telle tentative! Le commerce était interrompu, les transactions étaient rares, l'argent plus rare encore.

On songeait peu à défendre sa propriété contre un voisin usurpateur, quand le sol même était menacé par la guerre. Il devait y avoir peu de procès, et chacun, incertain du lendemain, devait désirer terminer vite tout débat judiciaire.

Malgré ces conditions favorables à une réforme radicale et l'admirable élan du pays, si prêt au sacrifice pour achever l'œuvre de la révolution, la France ne put accepter le régime nouveau qui lui était donné.

Tout d'abord les procès surgirent avec une facilité incroyable : sans cause, dans l'ignorance absolue de la loi, chacun envahit les tribunaux pour leur demander en quelque sorte une consultation gratuite sur son droit. Les juges, en présence de débats obscurs, de prétentions contradictoires mal définies, perdirent un temps précieux à chercher le point litigieux et à préciser les faits eux-mêmes avant de se préoccuper de la solution juridique. De là d'interminables ajournements, des renvois devant expert, des enquêtes, des productions de pièces, des comparutions de parties, des vérifications d'écritures. Il n'y eut plus d'officiers ministériels responsables de leurs actes, instruits de leurs devoirs, soumis à une discipline sévère, pour arrêter au passage tout procès dicté par la mauvaise foi, tout acte falsifié. Des agents d'affaires véreux envahirent les prétoires, faisant tout à la fois l'office d'avocat et d'avoué : ils devinrent bientôt redoutables. Nul n'osa se présenter seul devant les tribunaux : tout le monde, par crainte, par ignorance, par timidité, eut recours à ces intermédiaires. Ils constituèrent une armée : ils exclurent de la barre quiconque ne pactisait pas avec eux. Les frais de justice légalement tarifés furent remplacés par ces pactes innommés à l'aide desquels l'intermédiaire officieux partage avec son client tous les bénéfices des procès lucratifs.

§ 7

Nous sommes loin d'exagérer ce tableau. Il en fut ainsi non-seulement dans les tribunaux de district ou d'arrondissement, mais même dans les justices de paix. Pour s'en convaincre, il suffit de lire *le Moniteur*.

Dans la séance du Tribunat du 14 frimaire an IX, Huguet (de la Seine) exprimait en ces termes les plaintes de la population parisienne : « Avant la révolution, il y avait un seul juge auditeur chargé de juger les petites causes jusqu'à quarante livres. Il tenait ses audiences quatre fois par semaine, depuis midi jusqu'à deux heures. Il était seul pour Paris et sa banlieue. Comment se fait-il qu'aujourd'hui les quarante-huit juges de paix, qui n'ont que l'intérieur de Paris, soient occupés deux fois par décade à juger de pareilles causes? Ils donnent à eux tous trois mille quatre cent cinquante-six audiences, lorsque ce seul juge en donnait deux cent huit. »

Ce renseignement est précieux parce qu'il se présente avec la rigueur d'une statistique et qu'il précise bien ce qui a toujours été le danger des juridictions prétendues rapides. Pour aller vite, on y supprime les procédures, par conséquent les huissiers et avoués qui font les procédures. — Mais le juge est forcé de refaire lui-même toute l'instruction préalable qui aurait été confiée à l'officier ministériel. — Les retards, les ajournements indéfinis, l'encombrement, sont le résultat fatal de cette situation.

§ 8

Il en est ainsi dans les plus petites juridictions comme dans les plus hautes. La Cour de cassation, qui doit juger de pures questions de droit, qui ne statue que sur le mérite de décisions importantes et précédées déjà d'une instruction, semble pouvoir se prêter exceptionnellement au régime innové en brumaire an II.

Elle en fit l'essai. Elle commença à juger sans officiers ministériels, sur les mémoires présentés par les parties, et, dès le 15 messidor an V, elle prit une délibération pour établir qu'elle ne pouvait se passer d'un corps d'avocats ou d'avoués.

§ 9

Les contemporains sont unanimes dans leurs plaintes contre cette longue série de désordres, résultat forcé de la suppression des officiers ministériels. Boncenne, le savant professeur de Poitiers, dont le témoignage ne peut être suspect, puisqu'il était alors soldat, nous dépeint ainsi ce qu'étaient devenus les justices de paix et les tribunaux : « Des gens étrangers à toutes sortes d'études et de préparations, guidés par un méprisable intérêt, accoururent pour fonder leur fortune sur les débris de celles dont une aveugle confiance les rendait dépositaires. Tantôt ils se moquaient des règles que leurs maîtres avaient été obligés de conserver, tantôt ils en faisaient une application burlesque. Toutes les garanties étaient méprisées, violées. Le frein des taxes n'existait plus. *Jamais la justice ne fut plus chère; jamais la procédure ne fut plus perfide* et plus hideuse que dans cet état de nudité où ils l'avaient mise. »

Emmeri, fils d'un procureur au parlement de Metz, avocat lui-même, ajoute son témoignage dans l'exposé de la loi du 27 ventôse an VIII : « Tous les hommes qui sont instruits de la procédure demandent le rétablissement des avoués; sans cette institution la procédure ne peut être régulière : c'est l'unique moyen de prévenir d'immenses abus et, ce qui ne pourrait surprendre que ceux qui n'ont aucune expérience dans cette partie, de diminuer beaucoup les dépenses à la charge des plaideurs. »

De même, le 4 brumaire an VI, Riou disait au Conseil des Cinq-Cents : « Il est constant que la chicane, qui semblait abattue sous les coups de la révolution, s'est relevée plus active, plus rusée et plus avide qu'auparavant; que l'improbité, l'ignorance et le charlatanisme occupent les avenues de tous les tribunaux, et que, ne connaissant plus ni tarif dans les vacations, ni pudeur dans les honoraires, ces sangsues impunies mettent chaque jour les citoyens à contribution... Autrefois, on avait une garantie authentique de la probité, de la bonne conduite et de la capacité de ceux qui étaient chargés de l'instruction des affaires ou de la défense des parties; aujourd'hui, l'ignorance s'assied à côté du légiste habile, et l'inexpérience présomptueuse et cupide rivalise le talent éprouvé par l'étude. » Et Poullain de Grandpré suppliait le Conseil des Cinq-Cents de « faire cesser le scandale qu'a offert pendant près de deux ans la France entière par le désordre des tribunaux » (11 brumaire an VI).

§ 10

Ces faits, qui nous semblent concluants, amenèrent le rétablissement des officiers ministériels et des procédures par la loi du 27 ventôse an VIII.

Il parut alors bien démontré que l'échange d'écritures entre deux plaideurs n'est point non plus une vaine formalité. Si l'on veut qu'un jugement soit définitif et que l'empire de la *chose jugée* soit maintenu, il est nécessaire qu'il reste trace des dires respectifs des parties ; il est également nécessaire que les actes qui constatent ces prétentions contradictoires soient enregistrés pour ne pouvoir recevoir aucune modification. Les avoués tiennent, en réalité, le *copie de lettres* des plaideurs, et ce qui semble indispensable au moindre commerçant ne l'est pas moins au moindre plaideur. Depuis qu'il existe chez nous des tribunaux, il y a eu une procédure, et parce que les plus anciennes ordonnances en règlent la forme, il n'est pas juste de dire que cette forme est surannée et vicieuse. Ce qui est ancien, ce qui est consacré par l'usage et la tradition, n'est point par cela même contraire à nos usages et à nos mœurs modernes.

Comme le disait très-bien dans le sein de la Constituante un ancien lieutenant civil au Châtelet de Paris, héritier d'un des grands noms de la magistrature, — Omer Talon, député de Chartres, il ne faut pas croire que le principe tutélaire de la liberté, dont en 1790 on se préoccupait plus que de nos jours, soit compromis par l'institution des officiers ministériels, greffiers, avoués, notaires ou huissiers. On confond souvent la liberté naturelle avec la liberté sociale : « *Les officiers ministériels sont la partie morale de la force publique ; celui qui ne peut se défendre trouve en eux des défenseurs dont la loi garantit pour ainsi dire la moralité.* Vous n'avez pas envie de livrer au hasard l'égalité des lois, qui ne peut être maintenue sans le concours de ceux qui en connaissent l'étendue. Il est de l'intérêt public que les personnes chargées de la défense des citoyens aient un gage de responsabilité. »

En effet, pour que la justice soit égale, il faut que chaque partie ait devant les tribunaux les mêmes moyens de se défendre; pour qu'elle soit éclairée, il faut que les représentants des parties se communiquent avec confiance leurs pièces, et que par conséquent il y ait entre eux des liens assurés de responsabilité et de loyauté professionnelles; enfin, pour que les jugements maintiennent leur autorité, défendent les droits acquis, constatent les points en litige, il faut qu'ils soient précédés de *qualités*, c'est-à-dire d'un exposé de l'affaire que les magistrats ne peuvent faire, que les parties sont hors d'état de rédiger d'accord.

Ces différents motifs ont décidé l'organisation des compagnies d'huissiers et d'avoués par la loi du 27 ventôse an VIII.

§ 11

En avançant ainsi à grands pas dans la démonstration que nous nous sommes proposée, nous touchons à la question fort importante des offices.

Il n'a pas suffi de reconstituer des officiers ministériels, il a fallu régler leurs émoluments. L'État, en imposant au public le ministère de telle ou telle personne, en astreignant le plaideur à recourir à une entremise étrangère, en restreignant la liberté au profit de l'égalité, en assurant ainsi le fonctionnement de tous les rouages judiciaires, a passé un véritable contrat avec les hommes capables et honorables qu'il investissait des fonctions de greffiers, d'avoués, d'huissiers.

Il leur assurait un privilége : celui d'exercer seuls, de faire régulièrement une série d'actes réglés par le Code de procédure, par la loi de ventôse.

Il leur garantissait des émoluments par le tarif.

Il leur promettait une propriété, celle de leurs offices, par la loi du 28 avril 1816.

Sans doute c'est là une propriété d'un genre particulier, puisque la transmission en est soumise à l'agrément de l'État; mais elle n'en représente pas moins un capital, elle n'en est pas moins cotée dans l'évaluation de la richesse des familles. Cela est si vrai que nul ne pourrait penser à supprimer les offices sans indemnité. Nul ne pourrait proposer cette expropriation sans avoir en disponibilité une somme que les économistes évaluent à près d'un milliard. Notre temps, qui a vu l'expropriation s'accomplir avec d'exceptionnelles facilités, n'a pas encore trouvé le moyen de l'effectuer sans frais, et l'Assemblée constituante, en détruisant tout l'édifice gothique des charges de procureurs, d'huissiers à verge, etc., a posé en principe qu'une telle suppression devait toujours amener un remboursement.

Nous craignons que le législateur moderne, égaré par cette affection paternelle qui cache à tout auteur les imperfections de son œuvre, n'ait pas vu qu'il allait, lui aussi, accomplir une expropriation partielle. Cet huissier qui signifie deux cents actes, cet avoué qui range chaque année cent dossiers dans son étude, ce greffier qui perçoit ses droits sur trois cents jugements, s'ils voient leurs actes réduits à cent cinquante, leurs dossiers à quatre-vingts, leurs jugements à deux cent cinquante, d'un trait de plume, par la volonté seule du législateur, n'ont-ils pas le droit de lui dire : « Si vous me preniez ma chose tout entière, vous m'indemniseriez: ne me devez-vous pas une indemnité pour m'en prendre une partie? Quand M. le préfet de la Seine, au nom de l'utilité publique ou des nécessités harmonieuses et architecturales de la ligne droite, détruit une maison, il en rembourse la valeur au propriétaire. Mais s'il prend une aile, un pan du mur, une fraction quelconque, il ne s'en croit pas moins obligé à une juste et préalable indemnité. Vous touchez au vieil édifice de 1806, indemnisez ceux qui y logent, ceux qui y vivent, ceux qui sont investis du droit de propriété! »

§ 12

Avant de faire une loi nouvelle, il faut donner une réponse sincère et consolante à de telles récriminations. Elles sont justes, puisqu'elles s'adressent à l'État, qui perdra peu sur les frais de justice, dont le budget ne sera pas modifié, qui, s'il perdait ici, regagnerait là, et qui va faire peser les plus lourdes charges de sa réforme sur l'officier ministériel. Elles sont graves, car elles émanent de dix mille titulaires de charges qui représentent dans tous les coins de la France une part d'intelligence et d'influence fort considérable. Leur situation, loin d'être prospère, est assez précaire pour qu'il soit impossible de diminuer leurs émoluments, même dans la plus faible proportion, sans amener la ruine absolue d'un certain nombre d'entre eux.

Nous allons bientôt établir très-nettement le préjudice que les nouveaux projets leur causeront, mais il est temps d'indiquer où en sont arrivés les officiers ministériels. Quoique le gouvernement du roi Louis-Philippe ne voulût pas leur porter préjudice, chaque modification apportée au Code de 1806 depuis 1830 a diminué leurs revenus et leurs occupations. C'est d'abord l'organisation du jury d'expropriation qui leur a retiré des procédures; ensuite la loi de 1836, celles de 1854 et 1855 sur les justices de paix, puis les nouvelles réformes en matière d'ordres, etc. Chaque fois ils ont espéré et on leur a fait entrevoir que sur d'autres points, par d'autres combinaisons, ils pourraient être indemnisés des sacrifices qui leur étaient imposés, et toujours leur espoir a été trompé. Aujourd'hui, si l'on augmente la compétence des juges de paix, les avoués de première instance en souffriront. Si cet accroissement de compétence est jamais appliqué dans une proportion égale aux tribunaux civils, que deviendront les avoués d'appel?

Le Gouvernement doit bien connaître les secrètes misères de chacune de ces corporations, auxquelles on ne peut reprocher l'intelligence et le dévouement.

Dans l'exposé de la situation de l'empire, il est dit qu'en huit ans plus de onze cents offices ont été supprimés. « Cent trente et un titres de toute nature, mais plus particulièrement d'huissiers, ont été *éteints* en 1865. » Diminuez par une loi nouvelle les attributions des officiers ministériels subsistant encore, et chaque année le nombre des offices à *éteindre* augmentera dans une proportion énorme. N'est-ce pas là un danger?

Il est vrai que le même document ajoute : « La situation des officiers ministériels est toujours l'objet de la sollicitude du Gouvernement; la réduction du nombre des offices a été, à bon droit, considérée comme l'un des moyens les plus efficaces de l'améliorer. » Mais nous ne pouvons bien comprendre comment la suppression d'une charge d'huissier, qui ne rapporte rien, ou presque rien, augmente dans une proportion sensible le bien-être des autres charges. Le Gouvernement semble donner aux officiers ministériels cette triste consolation que reçoivent, dans les hôpitaux, les derniers arrivés : « Vous êtes mal couchés? Attendez,... vous aurez le lit du premier qui mourra. — Eh ! monsieur le médecin, nous serons peut-être morts nous-mêmes avant d'avoir le lit que vous nous promettez ! »

Les perspectives qu'on ouvre ainsi devant les avoués et les huissiers de la province ne sont pas attrayantes ; ajoutons que la diminution extrême des offices avec maintien du même nombre de tribunaux est un danger pour les justiciables. L'avoué étant en même temps avocat dans la plupart des ressorts d'arrondissement, les plaideurs ne peuvent choisir leur conseil :

le demandeur qui prend un avoué impose forcément à son adversaire l'autre avoué. La confiance disparaît quand il n'y a pas liberté dans le choix. Ces inconvénients, bien réels et qui se produisent déjà dans les tribunaux n'ayant que trois avoués (Arcis-sur-Aube, Loudun, Bressuire, Calvi), iront toujours en augmentant; et alors, quand il sera bien avéré que trois cent soixante-dix tribunaux de première instance sont complétement inutiles, on se décidera à opérer une autre réduction tardive; mais la réforme aura causé bien des ruines, et jusqu'à ce qu'elle soit opérée, l'action protectrice de la justice perdra en dignité et en sûreté.

§ 13

Ce ne sont là que des prévisions, — nous le reconnaissons, — mais, en rentrant dans le domaine des choses présentes, actuelles, nous appelons tout particulièrement l'attention sur la classe la plus nombreuse et la moins haut placée dans la hiérarchie des officiers ministériels, celle des huissiers. Enlever à la plupart des huissiers de nos petites villes le septième de leurs actes, c'est littéralement leur enlever le nécessaire.

Les huissiers sont les premiers conseillers, les seuls souvent, des plaideurs pauvres, des petits commerçants, des paysans, si défiants, si soigneux de leurs intérêts : ils ont à recevoir, à expliquer, à formuler toutes les plaintes, toutes les réclamations. Pas de protêts sans eux, pas de procès devant la juridiction consulaire de nos villes de province qui ne sorte de leur cabinet. Leurs fonctions pénibles et délicates les mettent en rapport avec toutes les misères, en contact avec les secrets de toutes les industries : ils savent dans chaque canton où est la fortune, où est le faux luxe, où gît la mauvaise foi. Par cela même qu'ils reçoivent bien des confidences et qu'ils représentent dans les campagnes la défense du droit ou l'instrument de la chicane, ils peuvent rendre d'importants services sans aucun éclat, ou encourager des abus sans en laisser de traces. Cette situation, qui exige la loyauté professionnelle, une extrême activité, une certaine sagacité dans l'intelligence d'un nombre assez étendu de questions contentieuses, est devenue presque misérable pour la moitié de ceux qui l'ont prise. Moralement, elle a déchu; matériellement, elle ne produit que d'insuffisants émoluments.

Nous ne parlons pas des huissiers exerçant à Paris ou dans les villes importantes : quoiqu'ils aient souffert, ils profitent de leur agglomération en corporation estimée, ils se défendent, ils se soutiennent, ils vivent au milieu des affaires et dans un milieu intelligent et actif; mais combien est différente la vie de l'huissier perdu dans une bourgade de huit mille âmes! Par cela même qu'il n'est pas sous les yeux, sous la main du parquet dont il relève, il est soumis à une surveillance incessante, à des plaintes dont le moindre danger est un coûteux dérangement; il se trouve éternellement en face de ce triste dilemme : ou s'éteindre dans l'inaction en laissant tomber la valeur de son cabinet, ou s'exposer à des peines disciplinaires en commettant des infractions aux règles si strictes de sa profession.

Pour les huissiers ruraux, l'indépendance professionnelle est un mythe. Ils sont sous la dépendance absolue de l'administration, du sous-préfet, du maire, du juge de paix et du procureur impérial. Nous savons bien que la plupart des magistrats qui tiennent entre leurs mains la fortune de ces modestes auxiliaires de l'œuvre judiciaire n'abusent point d'un pouvoir qui pourrait devenir tyrannique; mais il est parfois (même dans les parquets qui n'ont point le don d'impeccabilité) des esprits minutieux, des caractères défiants, des administrateurs qui croient attester leur zèle en multipliant les poursuites disciplinaires; il est des arrondissements où les officiers ministériels vivent, si cela s'appelle vivre! dans de perpétuelles inquiétudes et dans de continuelles difficultés professionnelles. En de pareils cas les huissiers sont surtout à plaindre, parce qu'ils sont par la nature de leurs fonctions plus exposés à de perfides récriminations.

Quant au public, il trouve une garantie absolue dans ce droit de plainte dont il use et abuse. Tout officier ministériel dépend disciplinairement du tribunal et du parquet, qui tiennent en leurs mains son cautionnement et son titre. — Tout agent d'affaires ne dépend que de la police correctionnelle, quand il a commis un délit de droit commun; le lendemain d'une condamnation il est libre de continuer son métier. Il ne répond de ses actes ni par un cautionnement, ni par la possibilité de perdre sa situation.

§ 14

Les huissiers, en compensation de tous ces déboires, voient décroître leurs émoluments. Si les statistiques n'indiquent pas une diminution dans le nombre des affaires, il est toute une série d'actes extrajudiciaires qui échappent à la statistique et qui sont de moins en moins usités. Ainsi la lettre chargée, la dépêche télégraphique, tendent à supprimer, dans beaucoup de cas, le ministère des huissiers : l'architecte qui veut constater d'une façon officielle que tel jour il a donné tel ordre à un entrepreneur ou l'a rendu responsable de tel retard, n'enverra plus un exploit, mais une lettre qui, comme l'exploit, laissera trace de sa réception. L'homme d'affaires marron — le maquignon de procès, le négociateur de pactes *de quota litis* — fait une rude concurrence à l'huissier et exerce, à son détriment, une infatigable croisière autour des justices de paix. Des lois nouvelles, en simplifiant heureusement une partie de nos procédures, celle des ordres, celle des ventes, par exemple, ont diminué le nombre des actes signifiés par huissiers ; les frais de justice criminelle enfin emportent chaque année un abaissement dans le chiffre des témoins assignés devant les Cours d'assises ou les tribunaux de police correctionnelle ; la vérité se fait jour plus facilement, grâce à l'amélioration des mœurs, et ce même progrès calme l'esprit de rancune, modère l'emploi des moyens de rigueur, excite tout créancier à ne plus dépenser en frais de poursuite ses capitaux et son temps. Progrès heureux, sans doute, au point de vue général ; mais s'il faut au moins un huissier dans chaque canton pour satisfaire au service de la justice de paix, il faut que cet huissier soit instruit, actif, désintéressé, et la loi doit lui assurer des moyens d'existence, des émoluments en rapport avec son travail, sa responsabilité et sa première mise de fonds.

Nous ne voudrions ni assombrir un tableau déjà fort triste, ni dévoiler des plaies tenues secrètes; mais il est nécessaire de bien établir les faits mêmes en face desquels on se trouve. Un grand nombre d'huissiers, dans nos petits cantons ruraux, ne gagnent pas 1,200 francs par an. Pour en arriver là, ils ont dû, jusqu'à l'âge de vingt-cinq ans, au-dessous duquel ils ne peuvent prêter serment, vivre de privations sur leur patrimoine. Si l'huissier en titre ne touche pas 100 francs par mois, que peut-il donner à ses clercs? Les débuts de cette carrière sont donc souvent misérables, et la situation acquise à un tel prix est elle-même très-précaire. A vingt-cinq ans, il faut acheter un cabinet, déposer un cautionnement dont le chiffre est en moyenne de 1,500 francs, s'installer, s'établir. Dans les conditions les plus modestes, c'est un capital de 4 ou 5,000 francs en argent, plus dix ans de travail — c'est-à-dire un capital qui a bien aussi sa valeur — immobilisés dans une profession qui n'assure qu'à peine le pain quotidien.

§ 15

Voilà le mal : quelles en sont les causes? — Nous avons déjà indiqué la diminution dans l'importance des procédures; il faut aussi mentionner la révolution qui s'est opérée dans l'assiette des fortunes. Il y a vingt ans encore, dans ces mêmes cantons où les huissiers ne gagnent pas maintenant 1,200 francs par an, tous les placements se faisaient en biens fonds : les valeurs de Bourse étaient inconnues. Nul ne songeait à acheter des obligations ou à spéculer sur les tirages de gros lots. Il y avait alors des procès, des difficultés multiples sur l'assiette des propriétés. Maintenant, au contraire, l'argent se centralise à Paris; les fortunes, dans nos campagnes, ne sont plus exclusivement immobilières, et les immeubles, considérés comme un placement d'avenir, supportent moins de mutations. Mais la principale cause de la triste situation des huissiers, c'est l'insuffisance du tarif qui règle leurs émoluments.

Les frais de la vie ont doublé en France ; le local dans lequel une même étude existe depuis soixante ans se loue plus cher qu'en 1806; un cheval, indispensable dans certaines régions, coûtait, il y a cinquante ans, moitié moins qu'aujourd'hui. L'État a reconnu, en principe, cette augmentation dans les dépenses forcées que supporte le dernier des fonctionnaires : il a élevé le traitement des desservants, des officiers, des juges. Il a même, dans les frais de la procédure, introduit une réforme en taxant à 50 centimes la feuille de papier timbré, antérieurement cotée à 35 centimes ; mais, par un regrettable oubli, les actes inscrits sur cette feuille, qui vaut davantage, ne rapportent pas un sou de plus aux huissiers. Ils voient diminuer le nombre de leurs actes et, en même temps, augmenter le prix de toutes choses. Cela n'est pas juste.

Il est, en effet, économiquement prouvé qu'en un demi-siècle les salaires ont subi un mouvement ascensionnel très-marqué ; la journée de l'ouvrier n'est plus de 1 franc 50 centimes, et tout compagnon demande maintenant de 25 à 40 centimes par heure. Les heures de l'huissier ne sont pas taxées à ce prix, si, en dehors du temps matériellement consacré à la signification d'un acte, on tient compte des heures données à la préparation des affaires et aux confidences diffuses des clients. En 1807, on a voulu assurer à chaque officier ministériel dans l'exercice de sa charge une rétribution en rapport avec la valeur vénale de cette charge : cette proportion n'existe plus. Le tarif indique, par exemple, « pour frais de voyage qui ne pourra excéder une journée de cinq myriamètres (dix lieues anciennes) » une taxe de 4 francs. A ce prix-là, on ne trouverait pas un commissionnaire disposé à aller porter une lettre à Versailles. Ailleurs, « pour chaque vacation supplémentaire de trois heures à une saisie-exécution, » le tarif alloue à l'huissier 2 francs 55 centimes ; si l'on calcule le temps des allées et venues qui, au-dessous de cinq kilomètres, n'entrent pas en taxe, on arrive à reconnaître que l'heure de l'huissier n'est pas toujours aussi bien payée que celle de l'ouvrier. Ce n'est pas cependant une sinécure qu'une profession qui exige des voyages continuels et qui expose à une responsabilité grave.

Pour suppléer à des revenus si modiques, il est des huissiers qui sont réduits à exercer des professions manuelles ; en Bretagne, nous en pourrions citer qui sont couvreurs ; dans le Midi, quelques-uns sont réduits à faire tenir des boutiques ou de petits cafés par leurs femmes. Enfin faut-il dire que quelques-uns, après avoir rempli honnêtement leur charge ingrate, l'abandonnent pour se faire inscrire au bureau de bienfaisance de leur commune?

Ce sont là, sans doute, de douloureuses exceptions, qui ne sont pas sans exemple au sein de toutes les professions libérales ; mais personne ne pourrait nier que le plus grand nombre des huissiers ruraux végète dans une profonde gêne. En retouchant les bases de la procédure, il eût donc été indispensable de prendre un parti radical pour ces modestes collaborateurs de la justice du pays ; en diminuant — ce qui est nécessaire — un grand nombre de frais exorbitants, il eût été juste de songer à l'avenir de tous ces officiers ministériels.

§ 16

Ce que nous disons très-hautement et très-consciencieusement peut blesser beaucoup de préjugés ou susciter beaucoup d'objections. C'est un lieu commun d'accuser l'huissier de ruiner les plaideurs et de spéculer sur la misère des débiteurs. C'est presque un paradoxe de soutenir que ce personnage modeste et nécessaire dans toute action judiciaire agit pour l'État, poursuit pour l'État, instrumente et perçoit pour le Trésor, tout à la fois comme un percepteur et un porteur de contraintes. Quand il présente timidement sa note, son client se récrie et croit qu'il y a pour l'officier ministériel un bénéfice de 100 francs, parce que l'état de frais se chiffre par 100 francs. S'il y a un bénéfice net, il est pour le Trésor; pour l'huissier il n'y a que la rémunération parcimonieuse d'un conseil, d'une course et d'une écriture.

Un exemple rendra notre affirmation plus frappante :

Que vous, qui lisez ces lignes, vous receviez la signification d'un jugement pris contre vous; que vous vouliez immédiatement en paralyser l'exécution et le faire réformer en formant appel, l'entremise d'un huissier sera nécessaire, obligée, légale.

L'huissier réclamera *quinze francs* pour rédiger l'acte d'appel, écouter vos récriminations, les formuler.

Vous trouverez que le salaire est suffisant et qu'en somme les officiers ministériels ne sont pas si mal heureux qu'on veut bien le dire.

Si cependant on analyse cette somme de 15 francs, voici ce qu'elle représente :

	au Trésor	à l'huissier
Enregistrement de l'acte.	11 fr. 50 c.	
Papier timbré.	1 »	
Rédaction de l'original.		2 fr. 50 c.
Copie.		» 50

Voilà un cas — et nous pourrions multiplier à l'infini les exemples — où l'huissier touche un cinquième et le fisc les quatre cinquièmes.

Les nouveaux projets, qui sont graves surtout par leur tendance, doivent encore inquiéter les huissiers, parce qu'une innovation s'y fait jour : l'exploit est remplacé par la *lettre chargée* dans un cas particulier. Quand sur une saisie immobilière vient s'en greffer une seconde, et qu'il faut proroger les délais de la première, avis sera donné de cette prorogation aux créanciers *par une lettre chargée.*

C'est là une nouveauté dans l'ordre des dispositions judiciaires. Elle peut être souvent utile, mais parfois aussi elle serait dangereuse, parce que le facteur ne doit pas, comme l'huissier, chercher la personne à laquelle il est chargé de remettre un acte, constater ses réponses, indiquer authentiquement son nouveau domicile ; elle est dangereuse aussi parce que ce moyen, inconnu jusqu'ici et insuffisant, appliqué en matière de saisie, peut tout aussi bien être employé demain en matière d'assignation. On tend ainsi à supprimer presque partout l'huissier sans l'indemniser.

§ 17

Pour ne point insister sur ces prévisions, nous résumons d'un mot les pertes que les nouveaux projets imposent aux huissiers, en indiquant d'une part tous les procès d'une valeur de 200 à 500 francs qui étaient portés aux tribunaux civils et qui nécessitaient des avenirs, des significations de qualités et de jugements, des appels de cause; d'autre part, tous les actes du ministère des huissiers que comportaient les ventes sur saisies, les licitations, les partages immobiliers, attribués maintenant aux notaires. En quelques lignes, les réformateurs de 1867 enlèvent ces séries d'actes aux huissiers : c'est 7 ou 8 francs par affaire, rien de plus; mais cette modique somme, multipliée par le nombre des procès dont la compétence est changée, représente tout simplement l'existence de plusieurs centaines d'huissiers.

Au point de vue de ces pauvres officiers ministériels, la réforme équivaut donc à une suppression partielle.

Il y en a bon nombre qui calculent, à vingt ou trente actes près, chaque année, leurs moyens d'exister. Il en est qui ont acheté leurs charges en comptant sur cette augmentation dans la richesse publique, dont nous voyons tant de preuves; qui ont espéré bonifier leur situation à force de travail, d'exactitude et d'économie. Pour ceux-là, le nouveau Code est la ruine de tous les calculs, de toutes les convictions, de toutes les espérances. Quand on jette les yeux sur les Comptes rendus de la justice civile que le ministère de la justice donne chaque année avec une si intelligente et si admirable exactitude, on y voit que le neuvième de nos tribunaux juge moins de cent affaires par an, et qu'en moyenne chacun de ces tribunaux compte dix huissiers dans son ressort! Le tribunal d'Ancenis, qui vient l'avant-pénultième dans le tableau des affaires inscrites au rôle pour la première fois dans l'année 1864, et qui en inscrivait seulement quarante-neuf, possède douze huissiers!

Sans doute le nombre va diminuer; sans doute plus d'un huissier va renoncer à une profession perdue, et il sera facile à la prochaine statistique de calculer le chiffre des offices éteints, c'est-à-dire ne suffisant pas à nourrir leurs propriétaires et ne trouvant pas d'acquéreurs; mais ce résultat ne sera pas profitable au public : il sera coûteux pour les plaideurs, il amènera des complications, des difficultés sérieuses.

L'économie de notre organisation judiciaire a placé

dans tous les points populeux des huissiers, en leur assurant des moyens d'existence, pour qu'ils pussent signifier rapidement et sans grands frais les actes de leur ministère. Là où il y en a huit répartis sur un territoire de cent mille hectares d'étendue superficielle, si vous en supprimez trois, vous obligez le commerçant qui signifie un protêt, le propriétaire qui veut interrompre une prescription, la partie qui cite des témoins ou requiert un constat, à payer des *frais de déplacement* considérables. L'huissier n'en retire aucun profit : pendant qu'il voyage, son cabinet reste vide — et les frais de justice, cependant, s'accroissent dans une proportion assez élevée. Une simple assignation, qui coûte maintenant 3 francs 80 centimes, pourra coûter ainsi 20 francs 80 centimes par l'augmentation des frais de voyage tarifés.

La nouvelle procédure, en diminuant les actes des huissiers, diminuera leur nombre, et cette diminution même aura pour conséquence une augmentation dans les frais que devront exiger légalement les huissiers conservés. Pour abaisser les frais dans les affaires au-dessous de 500 francs, on les accroîtra dans toutes celles supérieures à ce chiffre, et l'on sera obligé d'arriver soit à cantonner les huissiers dans un ressort limité, soit à les remplacer par des fonctionnaires spéciaux.

§ 18

Les avoués se ressentiront encore plus des réformes. Tout déplacement dans l'assiette des compétences les atteint directement. Dès que les tribunaux de première instance ne connaîtront plus en appel des affaires de 100 à 200 francs et ne connaîtront qu'en appel des affaires de 200 à 500 francs, enlever à ces mêmes tribunaux toute une série de ventes et liquidations, c'est enlever aux avoués une partie de leurs émoluments.

Quelle est actuellement la situation des deux mille huit cent soixante avoués (1)?

On compte habituellement qu'un avoué a *en moyenne* 50 francs d'émolument *par affaire ou dossier*.

Cette évaluation, admise habituellement dans tous les calculs faits pour évaluer les charges, s'applique à l'ensemble des affaires dans lesquelles l'avoué in-

(1) En 1864, 2,860; en 1863, 2,886; en 1861, 2,921. La diminution est de 25 environ par an.

tervient : procès civils, ventes, licitations, pouvant produire 200 francs ; affaires correctionnelles ou commerciales, débats en justice de paix, affaires sommaires, pouvant produire moins de 15 francs. Pour évaluer approximativement les effets des nouveaux projets, en l'absence d'une statistique générale, on peut prendre la situation d'un avoué placé dans une ville de trente-cinq mille âmes, recevant deux cents affaires par an, ayant payé sa charge 50,000 francs il y a quinze ans, l'ayant améliorée par son travail, et frappé tout à coup par les innovations qui se préparent ; à la place d'une propriété destinée à une plus-value considérable, il verra son étude perdre chaque jour de sa valeur.

Dans le milieu favorable que nous choisissons, les 10,000 francs d'émolument que touche l'avoué sont bien loin de représenter le *net* de ses bénéfices. La loi, les taxes, ne peuvent tenir compte des charges inhérentes à l'exercice de toute profession libérale, à l'acquisition de toute charge vénale.

L'avoué a travaillé six ans, en moyenne, pour acquérir un diplôme, et les frais d'examen, les droits payés à l'État pour ses diplômes, les années de cléricature sans aucun gain, etc., représentent déjà un capital de 6,000 francs à amortir.

Soit, par an.	300 fr.
Plus, intérêt du prix d'acquisition. . .	2,500
Supplément d'intérêt du cautionnement.	60
Deux clercs.	1,500
Patente; contributions et loyer du local de l'étude; mobilier spécial	1,200
Pertes et non-valeurs provenant des recouvrements à opérer sur des clients insolvables. (L'avoué avance les frais dus au Trésor et ne peut pas souvent les recouvrer sur le plaideur.).	500
Représentation du travail gratuit pour les affaires d'assistance judiciaire. . . .	100
Représentation de la responsabilité (l'avoué est responsable des erreurs commises, de la perte des procès due à sa faute, à ses omissions, etc.); intérêts du fonds de roulement nécessaire aux avances à faire au greffe, à l'enregistrement, à l'imprimeur, etc.	500
	6,660 fr.

L'avoué qui a d'émolument net, en vertu du tarif, 10,000 francs, ne recueille réellement que 3,500 francs environ.

§ 19

Mais si l'on s'abaisse de la situation d'un avoué occupé dans un tribunal important à celle d'un avoué moins occupé dans un petit tribunal, on arrive à des résultats tellement minimes qu'il est difficile de les chiffrer. La statistique d'une année moyenne comme 1864 indique vingt tribunaux dans lesquels quatre-vingts affaires au plus ont été jugées en trois cent soixante-cinq jours. Celui de ces tribunaux qui compte le moins d'avoués en a trois! Comment s'équilibrent leurs budgets? Comment pourront-ils supporter une diminution dans leurs émoluments? Comment, sans eux, la justice pourra-t-elle fonctionner? C'est ce que le législateur devra se demander en présence du tableau suivant, dressé sur la statistique de 1864.

	Affaires inscrites au rôle en 1864.	Ventes à la barre du tribunal.	Ventes renvoyées devant notaire.	Avoués.	Huissiers.
Chambon.	81	1	5	6	18
Saint-Calais	76	3	34	4	11
Ploërmel.	75	3	12	5	11

	Affaires inscrites au rôle en 1864.	Ventes à la barre du tribunal.	Ventes renvoyées devant notaire.	Avoués.	Huissiers.
Segré	74	1	30	5	8
Chateaubriand . . .	73	4	23	4	10
Les Sables.	73	6	10	5	15
Gien.	73	1	14	5	8
Bressuire	73	8	9	3	10
Saint-Claude	66	9	11	5	10
Calvi.	64	3	»	3	10
Lavaur.	64	13	»	5	7
Paimbœuf	63	2	10	4	6
Issoudun.	61	8	1	6	10
Céret.	61	5	»	5	10
Loudun.	58	3	3	3	6
Quimperlé	53	7	»	4	8
Castellane	54	17	»	4	7
Villefranche	49	5	»	6	12
Barcelonette	43	3	1	5	6
Ancenis	38	2	11	4	6
Moyenne. . . .	63	5	3	4	9

Ce tableau nous paraît suffisant pour montrer sur qui la réforme annoncée portera le plus rudement. Il suffit également pour bien établir que la situation des officiers ministériels, qui va être si notablement empirée, est, dans un grand nombre de tribunaux, plus que précaire.

Il faut noter que c'est sur ces tribunaux placés dans

des arrondissements pauvres que les demandes judiciaires au-dessous de 500 fr. et les ventes au-dessous de 5,000 seront les plus nombreuses : à Paris, par exemple, elles sont, toute proportion gardée, moins nombreuses qu'à Ancenis ou Villefranche.

En discutant la portée spéciale et les détails des projets de réforme, nous compléterons plus loin ces indications générales.

§ 20.

Quoique la statistique ne nous fournisse pas le chiffre des affaires d'une importance inférieure à 500 francs, il nous est possible d'indiquer immédiatement à ce sujet quelques éléments d'appréciation. Nous avons choisi un tribunal de quatrième classe, situé dans un chef-lieu d'arrondissement et ayant un ressort dont la population est de 130,000 âmes. C'est l'exemple le plus favorable au système projeté, puisque, dans tous les grands centres, il y a moins de petites affaires que de procès importants.

En 1865, 185 affaires ordinaires et 325 sommaires ont été inscrites au rôle général. Total : 510. Dans ce nombre figurent soixante-cinq demandes en payements ou en dommages-intérêts inférieures à 500 fr.

L'élévation de la compétence des juges de paix enlèvera donc environ un huitième des affaires jugées actuellement par les tribunaux civils, même dans les arrondissements les plus populeux et les plus riches.

Nous ne tenons pas compte, il est vrai, de celles de ces affaires qui reviendront devant le tribunal en appel. La proportion des appels de justice de paix est, en moyenne, de un appel sur soixante-deux jugements. Il est peu probable que cette proportion augmente. D'une part, les avoués perdent les cinq mille cinq cents appels de justice de paix relevés maintenant contre les décisions d'une importance de 100 à 200 fr.; d'autre part, ils auront les appels interjetés des décisions roulant sur des litiges de 200 à 500 fr. Le chiffre des appels restera probablement le même : en effet, il y aura toujours beaucoup plus de demandes inférieures à 200 fr. que de demandes supérieures, mais celles-ci, ayant plus d'importance, amèneront plus d'appels. La proportion ne sera par conséquent point changée.

§ 21

La réforme est autrement radicale pour les avoués en ce qui concerne les ventes. Dans le tribunal dont nous avons pris la situation moyenne comme type, la statistique de 1866 donne :

	Au-dessous de 5,000 francs.	Au-dessus de 5,000 francs.
Saisies immobilières	15	1
Conversions		2
Ventes de biens de mineurs.	10	3
Licitations	31	12
Ventes sur surenchère du		1
dixième et du sixième .	5	7
	61	26

C'est un total de quatre-vingt-sept ventes ordonnées avec le concours de douze avoués dans un tribunal de chef-lieu d'assises, placé dans un arrondissement riche. Sur ces quatre-vingt-sept ventes, la nouvelle loi en enlèverait soixante et une. *Les avoués en conserveraient vingt-six, sur lesquelles dix-sept seulement ont été faites à la barre.*

Calculons maintenant la perte. Les émoluments des avoués dans toutes ces séries de procédures spéciales sont, en moyenne, de 120 fr.

La perte totale pour les avoués est donc d'environ 7,000 fr.

La proportion donnée par la statistique générale de 1864 indique le même rapport, soit une vente au-dessus de 5,000 fr. pour 2.35 ventes au-dessous. Pour toute la France cette proportion est de 9,215 ventes au-dessous de 5,000 fr. sur un total de 17,137 (1864). En 1861, les deux chiffres en présence étaient 16,339 et 9,149. La chancellerie a dressé le tableau suivant, qui donne la moyenne des années 1856 à 1860.

Total des ventes : 17,377, sur lesquelles

1274	inférieures à 500 fr.
1595	de 500 à 1,000.
2750	de 1,000 à 2,000.
4675	de 2,000 à 5,000.
10,294	soit près des deux tiers au-dessous

de 5,000 fr.

Mais cette moyenne n'indique pas la disproportion qui existe entre les tribunaux de la dernière classe et ceux de la première.

Il y a des tribunaux dans lesquels le cinquième des ventes est au-dessous de 5,000 fr. La statistique officielle, si complète sous tant de rapports, a cessé de donner le détail des ventes par département et ne l'a jamais donné par tribunal. Mais il est une loi facile à poser et facile à vérifier : *dans les pays pauvres, les ventes au-dessus de 5,000 fr. proviennent presque exclusivement des tribunaux siégeant dans des villes chefs-lieux de préfecture; les petits tribunaux siégeant dans les chefs-lieux d'arrondissement n'en opèrent presque jamais.*

En effet, si la statistique générale indique qu'il y a seulement un peu plus des deux tiers des ventes inférieur à 5,000, la statistique détaillée prouve que dans les départements les moins riches la proportion est tout autre.

Hautes-Pyrénées, sur 91 ventes, 56 au-dessous de 5,000 fr.

Tarn-et-Garonne.	56	31
Ardèche	223	155
Haute-Loire. . .	135	108
Ain	197	153
Haute-Vienne . .	149	90
Jura.	186	125

On doit donc largement tenir compte, pour calculer la perte des avoués des tribunaux d'arrondissement, de la différence qui existe entre les départements. Pendant que celui de la Seine, sur sept cent trente-trois ventes, en a seulement quatorze au-dessous de 1,000 fr., celui des Hautes-Pyrénées sur quatre-vingt-onze en compte dix-neuf. (*Voir le Tableau général des ventes, aux Notes.*)

§ 22

Comme on le voit, en choisissant comme type le tribunal de X, nous restons dans la moyenne la plus favorable aux projets du Gouvernement. Si nous voulions appliquer les mêmes calculs aux cent tribunaux qui tiennent le dernier rang dans les tableaux statistiques du ministère de la justice, les résultats seraient tout autrement déplorables. Et cependant, en résumant toutes les indications précédemment données, voici comment se chiffre le préjudice causé aux seuls avoués de ce tribunal.

Ils perdent 1° 7,000 fr. sur les ventes, licitations, etc.
2° 2,000 fr. sur les ordres qui disparaîtront avec les ventes renvoyées devant notaires, les procédures incidentes supprimées, etc.
3° 2,080 fr. pour soixante-cinq affaires sommaires indiquées plus haut (9.95 affaires de défauts, 22.65 pour affaires contradictoires à chaque avoué) ; en moyenne 16 fr.

11,080 fr.

On doit ajouter à ce chiffre les remises proportionnelles concédées aux avoués dans les ventes au-dessus de 2,000 francs, les plaidoiries dans les incidents de vente, de saisie, les droits de voyage et de lots taxés pour les ventes renvoyées devant notaires, les honoraires particuliers et non taxés remis aux avoués, etc. = 3,000 francs.

— La perte totale dépasse donc 14,000 francs.

— Nous avons supposé un tribunal dans des conditions moyennes, comptant à sa barre douze avoués.

Pour chaque avoué la perte est de près de 1,200 francs par an.

Que l'on se reporte maintenant au tableau que nous avons donné plus haut, et que l'on calcule la situation nouvelle faite aux officiers ministériels (§ 19).

En résumé, *dans un très-grand nombre de tribunaux plus des deux tiers des ventes disparaissent.*

Quant aux affaires sommaires, d'après les chiffres que nous avons donnés, et en calculant que *la diminution des affaires devra être de un huitième dans chaque tribunal, nous arrivons à cette conclusion que vingt et un mille huit cents affaires environ, sur cent soixante-treize mille inscrites en moyenne chaque année au rôle général, seront enlevées à la compétence des tribunaux civils.* (V. § 60.)

§ 23

On répond, il est vrai, que les avoués conserveront un rôle et des attributions dans les ventes même au-dessous de 5,000 francs. — D'après les nouveaux projets, ils auraient, pour rédiger un commandement, solliciter une ordonnance, relever un état des inscriptions hypothécaires, trois vacations = 11 francs;

mais cet émolument vraiment dérisoire ne compense ni le temps employé, ni le salaire des clercs, ni les écritures obligées, ni le dérangement causé.

Nous reviendrons sur cet émolument, nous indiquons seulement qu'il ne peut entrer en ligne de compte comme compensation du préjudice causé, et qu'il représente un salaire inférieur à celui de tout homme d'affaires. On oublie trop que le ministère de l'avoué est forcé, et qu'il ne peut cependant rien réclamer en taxe pour les consultations qu'il donne, pour l'explication qu'il fournit au plaideur sur son droit, pour l'impulsion qu'il imprime à une affaire après un mûr examen! C'est ce travail intelligent, nécessaire, indispensable, dont les tarifs ont réparti l'émolument sur une longue série d'actes, non pas pour dissimuler la rétribution totale due à l'avoué, mais pour l'obliger à rédiger des actes dont le timbre et l'enregistrement profitent. Sans doute il serait plus logique de fixer un droit proportionnel et de dire : « Sur une vente de 20,000 francs l'avoué aura 300 francs. » Les états de frais auraient pu alors se condenser en quelques lignes.

Mais en regard de ce chiffre, représentant un juste salaire et une lourde responsabilité, il aurait fallu mettre en un seul article, en une seule ligne : *Droits de l'État* = 600 francs.

Voilà ce qu'on n'a pas voulu.

Voilà pourquoi la procédure exige des actes nombreux soumis au timbre et à l'enregistrement.

§ 24

Il est encore une autre objection que nous ne pouvons laisser sans réponse. « Sans doute, » nous accorde-t-on, « les nouveaux projets porteront atteinte aux « émoluments des officiers ministériels, mais toute ré- « forme entraîne à sa suite de semblables nécessités. « Et d'ailleurs le Trésor public ne perdra-t-il pas aussi « au nouvel état de choses? Consommera-t-on autant « de papier timbré? Y aura-t-il autant de droits de « greffe? — L'État s'associe donc au bienfait d'une « législation nouvelle, protectrice des pauvres, et nul « ne peut se plaindre quand l'État participe largement « au sacrifice. »

Nous n'avons jamais bien saisi la portée de cette objection, et elle doit d'autant mieux être discutée qu'elle est dictée par le désir très-sincère de guérir un mal et d'arrêter des abus.

Nul n'admettra que l'État soit investi des mêmes droits que les officiers ministériels : greffiers, avoués, huissiers, qui ont un droit réel, qui représentent une propriété.

La propriété est quelque chose de fixe, l'impôt est quelque chose de variable. La France peut augmenter ou restreindre l'enregistrement, le timbre, sans pour cela acquérir ou diminuer un droit. Elle a le droit de demander à chaque citoyen un impôt, mais le chiffre de cet impôt peut et doit varier. L'office de l'avoué, la charge qu'il a achetée sous la garantie d'une loi qui va changer, représente au contraire une propriété qui est sacrée, qui, comme telle, doit être fixe, et ne peut être atteinte que par expropriation et avec indemnité.

D'ailleurs, l'État peut-il réellement s'associer aux sacrifices imposés aux officiers ministériels? Le ministre des finances ne devra-t-il pas toujours retrouver quelque part ce que le ministre de la justice lui aura enlevé?

Les législateurs veulent certainement réduire les frais de justice : ils le disent avec sincérité, ils l'essayent avec dévouement; mais promettent-ils de *réduire le budget?* Peut-on annoncer *officiellement* qu'avec un Code de procédure remanié, revu, corrigé en 1867, soit l'ensemble des contribuables, soit cette classe particulière de contribuables qui s'appelle les plaideurs, payeront une moindre somme de contributions directes ou indirectes? Ce serait une espérance téméraire. Fidèle à cette loi économique d'après laquelle un impôt ne diminue jamais, le Trésor récupérera ailleurs et autrement ce qu'il pourra perdre sur les actes supprimés, et nous ne verrons pas une somme de 50 ou 60 millions figurer en moins au budget des recettes.

Enfin il n'est pas possible d'admettre « que *toute réforme nécessite un sacrifice* » ; c'est le propre au contraire des réformes salutaires et généreuses de satisfaire à tous les intérêts. Les révolutions seules peuvent coûter des sacrifices; les réformes répondent à des besoins généraux et doivent respecter les droits de chacun.

Quand la Constituante voulut, elle aussi, toucher à la procédure et réformer les offices, elle posa en principe que les titulaires seraient indemnisés. Elle imposa à son comité des finances la charge de les rembourser, et elle sut ainsi concilier l'utilité générale avec les droits acquis. Elle éleva quelque chose de nouveau, mais non pas sur des ruines; elle fit une réforme, mais sans exiger des sacrifices personnels.

§ 25

En face des chiffres que nous avons posés, et dont chacun peut vérifier l'exactitude au greffe de chaque tribunal, l'étendue de la perte imposée aux officiers ministériels nous semble démontrée. — Mais ils ne sont pas seuls atteints.

De tout temps il y a eu des greffiers près de chaque juridiction : institués en offices dès 1521, supprimés et remboursés en 1790, les greffes furent reconstitués par la loi du 16 août 1790. Les greffiers furent d'abord élus par les juges, puis nommés à vie par les électeurs ; enfin la loi du 27 ventôse an VIII confia leur nomination au chef de l'État, et celle du 28 avril 1816 les autorisa à transmettre leurs charges, qui devinrent ainsi une véritable propriété, dont l'importance se calculait aisément d'après les procédures, les tarifs et les statistiques judiciaires.

Toute atteinte portée à la situation des avoués, toute modification aux procédures est ressentie par les greffiers. Il est de l'intérêt de tous que ces fonctionnaires, qui ont une part modeste mais fort considérable dans les travaux de chaque tribunal, soient rémunérés suffisamment pour que, dans l'avenir, des hommes intelligents et honorables trouvent dans les greffes une situation tolérable. Or, à l'heure présente, un grand nombre de greffiers n'ont pas *littéralement de quoi vivre.* Voici ce que disaient leurs délégués dans une pétition imprimée adressée à M. le garde des sceaux :

« Les émoluments du greffier proviennent de diverses natures de produits :

« 1° Des droits qui ont été alloués par le tarif de 1854 ou qui sont basés sur diverses lois, telles que le tarif de 1841, etc.;

« 2° Des émoluments perçus en matière commerciale dans les siéges exerçant la juridiction civile et commerciale;

« 3° Des émoluments produits par les affaires correctionnelles ou criminelles;

« 4° Des légalisations et des expéditions des actes de l'état civil.

« C'est la somme de tous ces produits qui donne le bénéfice brut du greffe.

« Pour avoir la situation véritable, il faut déduire de ces bénéfices bruts :

« 1° L'intérêt du prix de l'office;

« 2° Le salaire des employés;

« 3° Les frais de bureau et d'impression;

« 4° La perte d'intérêt à 2 p. 100 sur le cautionnement.

« Ce n'est que lorsqu'il a prélevé toutes ces charges que l'officier ministériel peut trouver en réalité quelque bénefice réel.

« Or, monsieur le ministre, plus de cent greffiers dont les tribunaux n'ont pas plus de cent cinquante à deux cents affaires mises au rôle chaque année, affirment que, lorsqu'ils ont déduit de leurs produits bruts les frais généraux que nous venons d'énumérer, il ne leur reste qu'un bénéfice net variant, pour les uns, de 50 à 300 francs ; pour les autres, au maximum, de 1,000 à 1,500 francs. »

Que deviendront des greffes produisant en moyenne 700 francs, quand une loi nouvelle aura diminué ce chiffre d'un cinquième?

Ici encore, il faut toujours le répéter, c'est sur les greffes les plus pauvres, sur ceux qui voient le plus souvent de *petites affaires* et de petites ventes, que la réforme pèse davantage.

On a calculé qu'une vente de moins de 5,000 francs donne au greffe du tribunal civil 30 francs ainsi composés :

Dépôt du cahier des charges. . . .	17 fr.	50 c.
Autres émoluments	7	50
Rôles de l'extrait pour l'acquéreur .	5	»
	30 fr.	» c.

Dans chaque affaire sommaire, le droit de mise au rôle est fixé à 1 fr. 50, plus un dixième de la demande. — Il y a de plus le coût des bulletins, l'expédition des jugements levés, etc. — En moyenne 5 francs pour chaque affaire sommaire.

Enfin, il faut ajouter les pertes que les nouveaux projets imposent aux greffiers par la suppression des demandes en partage, en liquidation, etc., par celle des ordres qui disparaîtront par suite des ventes devant notaire.

Ces indications permettent d'évaluer facilement la perte des greffiers. Nous conservons comme exemple le même tribunal dans une situation moyenne.

Son greffe rapporte actuellement 10,000 francs.

Il perdra dix-neuf ventes au-dessous de 5,000 francs faites à la barre . . . . 870 fr.

Soixante-cinq affaires au-dessous de 500 francs. 325

Droits de greffe sur les demandes en partage, liquidations, etc 800

1,995 fr.

Soit un cinquième des revenus.

§ 26

Les greffiers, les avoués, les huissiers — plus de 10,000 propriétaires d'offices — seront donc atteints par les réformes projetées (2,860 avoués, 370 greffiers, 6,831 huissiers).

Mais les avocats en ressentiront aussi les effets.

Les 1,800 avocats stagiaires que l'on compte en France plaident surtout les affaires sommaires. C'est en défendant de petites causes qu'ils arrivent à se former à l'exercice d'une profession difficile. Sur les vingt et un mille procès qui vont être enlevés aux tribunaux civils, combien auraient été plaidés par de jeunes avocats? Combien d'affaires d'assistance judiciaire vont leur échapper?

Quant aux pauvres, aux plaideurs qui jouissent du bénéfice de l'*Assistance judiciaire* (16,910 demandes d'assistance judiciaire ont été formées en 1864), et qui pour la plupart défendent de modestes intérêts et réclament de petites sommes, une loi généreuse impose aux officiers ministériels l'obligation de les conseiller, de les assister, de les représenter, de les défendre, de rédiger leur procédure gratuitement. Pendant que l'ouvrier qui demande en justice un salaire continue son travail et n'est astreint à aucun dérangement, son avoué le remplace devant les tribunaux.

Avec l'organisation nouvelle le même ouvrier, pour obtenir le payement d'une somme de 400 francs, sera forcé de suivre lui-même son procès. La loi le dispensera de payer son assignation, mais elle ne pourra lui donner un mandataire gratuit. Si le pauvre est obligé de plaider lui-même, il perd un capital précieux : son temps ; de plus il se défend mal, et son adversaire, bien représenté ou plus adroit, peut obscurcir tout le débat ; si, au contraire, il prend un homme d'affaires pour le défendre, il perd tout le bénéfice de l'assistance judiciaire et se voit forcé de suivre la loi du pacte *de quotâ litis*.

Nous ne parlons que des affaires sommaires ; mais combien nos arguments auraient plus de portée si nous les appliquions à tous les incidents des ventes, des licitations, etc. ! Combien il serait facile de mettre en regard des promesses optimistes de la loi nouvelle telles ou telles espèces dans lesquelles des créanciers pauvres, des débiteurs malheureux, seront hors d'état de se défendre ! — Dans notre organisation actuelle les riches payent en réalité pour les pauvres; dans l'organisation nouvelle les pauvres, livrés à eux-mêmes, seront victimes d'une apparente égalité qui constituera l'inégalité la plus choquante.

§ 27

— Les considérations et les chiffres qui précèdent tendent à établir combien la révision du Code de procédure annoncée et préparée serait préjudiciable aux officiers ministériels, aux greffiers, aux avocats, aux plaideurs qui jouissent du bénéfice de l'assistance judiciaire.

Mais ce ne sont là que des intérêts particuliers, très-respectables sans doute. Il reste à rechercher si l'intérêt public doit trouver dans de radicales innovations des avantages assez grands pour compenser les désastres privés, et si les institutions judiciaires que nous possédons se prêtent au fonctionnement des procédures nouvelles.

§ 28

Le public qui ne saisit pas le mécanisme futur des ventes judiciaires a du moins très-bien compris la partie de la réforme relative aux justices de paix, et l'opinion générale n'a point été favorable à cette réforme. L'isolement du juge de paix, l'aspect peu solennel de ses audiences, la multiplicité de ses fonctions, — peut-être les préjugés — le font considérer moins comme le représentant d'une juridiction importante que comme un arbitre administratif chargé de terminer, non de juger, les différends.

Il est donc à craindre que les justiciables, renvoyés tout à coup en justice de paix pour des procès de 200 à 500 fr., n'acceptent qu'avec regret cette innovation, ne réclament avec énergie la garantie de l'inamovibilité et ne croient leurs intérêts sacrifiés à une vaine recherche de simplification.

§ 29

On peut se demander aussi quelle garantie solide ils trouveront dans quelques-unes de nos justices de paix, et si ce tribunal cantonal, composé d'un seul homme qui doit suffire à des fonctions multiples, dont la compétence sera tout à coup plus que doublée, répondra bien à une confiance pareille : dévouement au devoir, désir de bien rendre la justice, on doit tout espérer et tout promettre ; mais peut-on garantir les forces, la lumière, l'intelligence !

L'histoire des justices de paix démontre admirablement que ce ressort judiciaire est excellent, mais qu'il ne peut supporter un poids plus élevé. Le grandir c'est l'affaiblir.

Institué en 1790 par la Constituante, le juge de paix devait *être un père au milieu de ses enfants*, il devait concilier tous les procès si la conciliation en était possible, et ne juger sans appel que jusqu'à la valeur de 50 livres, à charge d'appel que jusqu'à 100 livres. Pour lui donner une influence véritable et efficace, deux grandes garanties l'entouraient : d'une part il était élu pour deux ans par ses concitoyens, d'autre part il jugeait avec deux *prud'hommes assesseurs* qui siégeaient avec lui.

§ 30

En 1801, les assesseurs furent supprimés. Le sénatus-consulte du 16 thermidor an X restreignit le droit d'élection directe donné aux habitants de chaque canton ; pendant toute la durée du Consulat et de l'Empire, les juges de paix et leurs suppléants furent choisis sur une liste de deux citoyens désignés par l'assemblée cantonale : leurs pouvoirs duraient dix ans.

La Charte de 1815 enleva cette dernière trace du grand principe de l'élection à divers degrés introduit par la Révolution dans l'ordre judiciaire : depuis cinquante-deux ans, et malgré les résultats excellents d'une expérience qui n'avait pas duré moins de vingt-quatre ans, les juges de paix sont amovibles et désignés directement par le pouvoir exécutif.

Le Gouvernement les choisit librement sans aucune garantie de capacité : il en est qui n'ont point le grade de licencié en droit ; il en est qui, avant de revêtir la toge, portaient l'uniforme d'officiers de gendarmerie.

A une époque où le cens électoral limitait le nombre des électeurs, où tout l'effort de la législation tendait à centraliser le pouvoir dans une seule main, il était sinon juste, du moins logique, de faire nommer par le roi les moindres juges de paix ; mais ne serait-il pas également juste et logique de recourir tout au moins au système suivi pendant le premier Empire, d'étendre à une magistrature qui n'a d'influence que quand elle est volontairement acceptée par les justiciables, le principe de l'élection qui forme la base de notre constitution, et de faire élire par le suffrage universel celui qui doit concilier les intérêts de tous, ou bien d'assurer l'indépendance du juge de paix en lui garantissant l'*inamovibilité* qui fait la grandeur et la force de notre magistrature?

Nous sommes loin d'admettre qu'un juge de paix puisse être élu comme un conseiller municipal. Mais il peut être choisi sur une liste présentée par les conseils généraux, ou n'être plus institué et destitué comme un employé de l'ordre administratif.

Engagés dans une voie malheureuse, les législateurs s'étonnent souvent de ne pas trouver dans le juge de paix l'autorité morale nécessaire pour étouffer les petits procès en germe. Le prestige du titre, de la fortune, des formes solennelles, est évidemment interdit à un magistrat qui siége seul dans un prétoire de village et qui vit de si près au milieu de ses justiciables : il lui faudrait cet autre prestige que donne la confiance publique et que confère le consentement général. La charge serait alors recherchée : elle serait l'acheminement, souvent nécessaire, à tous les mandats électifs, et l'on arriverait ainsi à constituer dans les campagnes un corps considéré, influent, qui représentât l'esprit provincial dans ce qu'il a de meilleur. L'Angleterre possède dans les *justices of peace* une garantie sérieuse pour l'ordre et le droit, mais elle ne demande pas à ces magistrats ruraux de faire des rapports administratifs, de surveiller l'esprit politique de leurs cantons, de mêler à des fonctions essentiellement judiciaires des attributions officieuses qui compromettent le caractère particulier d'un véritable magistrat.

§ 31

Qu'on ne cherche donc pas pourquoi les deux cinquièmes des billets d'avertissement donnés par nos juges de paix restent sans effet : les parties mettent en balance le désir de terminer facilement leurs procès et la crainte de prendre pour arbitre un magistrat fort respectable sans doute, mais qui est souvent étranger à la localité et qui, dans tous les cas, est à leurs yeux plutôt un fonctionnaire qu'un conciliateur pacifique.

De là les doutes qui ont été souvent élevés sur l'utilité de la tentative de conciliation.

De 1790 à 1807, en toute matière, avant toute citation le défendeur dut être appelé devant le juge de paix par un simple avertissement sans frais; de 1807 à 1838, l'essai de conciliation ne fut plus obligatoire que pour les affaires supérieures à la compétence du juge de paix, et la citation, au lieu d'être donnée par simple cédule, dut être délivrée par exploit d'huissier. De 1838 à 1855, les juges de paix eurent la faculté d'appeler les parties en conciliation avant de les juger; l'avertissement officieux, la tentative d'arrangement fut laissée à l'arbitraire du magistrat.

La loi du 2 mai 1855 établit un principe plus uniforme et décida que dans toutes les causes, sauf celles qui requièrent célérité, il serait interdit aux huissiers de donner aucune citation en justice, sans qu'au préalable les parties eussent été appelées devant le juge de paix par un simple avertissement expédié par la poste.

Voilà bien des variations sur un point déjà grave, et ces variations n'ont pas peu contribué à faire considérer, par le public, la justice de paix comme une juridiction transitoire et moins assurée que celle des tribunaux. Il est une autre question qui n'a pas subi de moins nombreuses discussions.

En 1790, avons-nous dit, le juge de paix était compétent sans appel jusqu'à la valeur de 50 francs, à charge d'appel jusqu'à la valeur de 100 francs; la loi de 1838 éleva la compétence en dernier ressort jusqu'à 100 francs, à charge d'appel jusqu'à 200 francs. C'était la conséquence logique de l'augmentation de la valeur représentative d'une somme de 100 francs. Le loi de 1838 restait fidèle au principe d'après lequel la justice de paix n'est qu'une juridiction d'exception, apte à juger les affaires dont le principal pourrait être absorbé par un procès civil. Cette même loi donna de plus aux juges de paix une compétence spéciale pour les actions en payement de loyers, fermages, congés, etc.; les juges de paix de Paris purent en connaître, à charge d'appel, jusqu'au taux de 400 francs; partout ailleurs la compétence fut maintenue à 200 francs.

En 1854, la compétence spéciale pour Paris fut étendue aux villes de Lyon, Marseille, Bordeaux, Rouen, Nantes, Lille, Saint-Étienne, Nîmes, Reims, et Saint-Quentin.

Rien de plus bizarre que cette loi, qui fut votée sans réclamation : le juge de paix de Saint-Quentin, ville de vingt mille âmes, voyait doubler son importance, tandis que ceux de Strasbourg, du Havre ou d'Amiens conservaient leurs anciennes attributions. Rien de moins logique également, car il est certain qu'à Versailles et dans les environs de Paris le taux des loyers est beaucoup plus élevé que dans la plupart des villes de province.

On le reconnut un peu tard, et la loi du 2 mai 1855 étendit à toute la France la compétence spéciale créée par celle de 1854.

Tel est le dernier état de la législation : la réforme proposée tend à généraliser cette compétence à tous les procès au-dessous de 500 fr., quelle que soit la délicatesse du litige.

§ 32

Deux intérêts sont en présence dans la question : intérêts du public, intérêts des avoués.

On peut espérer que le public gagnera en économie et en célérité, si le juge, placé auprès de ses justiciables, est en état de trancher sans frais d'instruction, d'expertise ou de rapports, des procès mal expliqués et mal engagés. Mais le public gagnera-t-il en sécurité? — Nous ne le pensons pas.

Quand on regarde, dans nos campagnes, comment

fonctionne ce premier degré de juridiction, on est autorisé à craindre qu'il ne puisse répondre à une mission plus lourde. Quand on regarde, au contraire, le fonctionnement des justices de paix de Paris, on est effrayé de penser que les affaires qui y affluent déjà, qui s'y entassent, vont encore voir augmenter leur nombre dans une proportion considérable.

Il est déjà une juridiction où les parties peuvent plaider elles-mêmes, où la procédure est réduite à une simple assignation ; nous demandons à tout justiciable des tribunaux de commerce si leur justice est prompte et si elle est rendue à bon marché.

§ 33

L'expérience démontre que là où il n'y a pas une procédure qui précise le débat, *avant l'audience*, le juge est forcé de faire faire, *avant le jugement*, cette procédure par un arbitre. Ces feuilles de papier timbré qui se nomment des *conclusions* devant les tribunaux civils, et contre lesquelles on s'insurge comme représentant des frais vexatoires, sont tout simplement le résumé, dans un style convenu, dans une langue concise qui est la même pour tout le monde, des prétentions contraires des parties. Au tribunal de commerce, on les supprime au début pour les retrouver à la fin des débats : le magistrat consulaire, ne pouvant appuyer sa décision sur des explications verbales et diffuses, ordonne que les parties iront devant un arbitre..., et les feuilles de papier timbré supprimées dans la procédure se retrouvent dans le rapport de l'arbitre... et les frais qui n'ont pas été alloués à l'avoué, déclaré inutile, sont déboursés en honoraires taxés judiciairement pour le rapport.

N'en est-il pas de même déjà dans les justices de paix les plus occupées? Ne pourrions-nous pas représenter bien des sentences qui constatent que le juge unique n'a pu, sur le siége, comprendre les comptes qu'on lui a présentés, et s'est trouvé dans la nécessité de renvoyer les parties devant *un expert?* — Ce résultat qui se produit dans les prétoires encombrés de citations, dans les affaires où l'assignation n'a pu indiquer le point litigieux, où le défendeur n'a été astreint à consigner dans aucune procédure sa prétention contraire, se produira partout si le taux de la compétence est élevé à 500 fr. Où trouvera-t-on l'économie annoncée? — Elle existera en apparence, parce que le tarif n'indiquera plus une somme fixe pour les procédures; mais, en réalité, le plaideur subira les mêmes déboursés. C'est faire de l'idylle dans le domaine de la plus stricte réalité que d'imaginer des plaideurs expliquant eux-mêmes leur procès à la barre : les gens qui ne savent pas écrire s'adressent à un écrivain public; de même les plaideurs ont besoin d'un écrivain assermenté qui rédige leur plainte ou leur défense. S'ils n'ont plus l'huissier ou l'avoué, ils auront l'homme d'affaires ou l'arbitre: où est l'avantage?

Si l'on touche à la compétence, il faut toucher à l'institution; si l'on étend la portée du ressort, il faut le fortifier et le relever; si l'on veut servir l'intérêt public, il faut, dès le premier degré de l'échelle judiciaire, isoler le magistrat dans ses fonctions et donner de nouvelles sécurités aux plaideurs. Dans le cas contraire, un puissant élément de stabilité serait enlevé à l'ordre social : la confiance des justiciables.

§ 34

Ce n'est pas seulement contre l'absence de procédure pour préciser le point litigieux, contre la dure nécessité de juger seul, sans pouvoir s'éclairer par la discussion, que les juges de paix ont à lutter. Les mandataires qui se présentent à leur barre n'ont pas toujours l'instruction nécessaire au métier de défenseur officieux, et la loyauté scrupuleuse sans laquelle un procès devient un guet-apens (1). Ici encore il faut revenir sur cette conséquence déplorable d'une réforme dans l'organisation des compétences.

Pendant que les avoués, les huissiers, réunis autour d'un parquet qui les surveille et qui a sur eux une

(1) Tout ce que nous disons sur la nécessité d'intermédiaires entre les plaideurs et les juges, sur les abus qu'entraîne l'installation d'agents d'affaires à la barre des tribunaux, a été admirablement précisé devant l'Assemblée constituante lors de la discussion sur la suppression des offices. Tronchet disait : « Il faut qu'il existe un être entre le plaideur et le magistrat. Confierez-vous l'intérêt des citoyens à des hommes sans état et qui ne présenteront aucune garantie?... Ne faut-il pas que les officiers ministériels répondent par les finances de leurs offices des titres qui leur sont confiés et des sommes qu'on est obligé de réaliser entre leurs mains? » — « Tant que les hommes subsisteront, il y aura des procès comme il y a des maladies, disait Chabroud, avocat et député du Dauphiné ; il faudra pour plaider remplir des formes ; il faudra que l'on plaide suivant des règles uniformes : il faudra donc des officiers ministériels. » — De Landine, ancien avocat au Parlement de Dijon, puis à celui de Paris, fit remarquer que les officiers ministériels peuvent attendre le prix de leurs avances et n'exigent pas de déboursés, « tandis que les praticiens ne ménageraient que l'homme riche et se hâteraient de dépouiller l'homme pauvre... Demanderez-vous une caution aux hommes de loi? Alors

action disciplinaire très-efficace, verront subitement décroître leur charge, le « *cabinet du représentant en justice de paix* » prendra une valeur véritable. Le plaideur qui ne pourra faire venir de la ville voisine son avoué aura recours à cet intermédiaire officieux. Quelles seront ses garanties? Combien de procès seront achetés et vendus? Combien de titres seront falsifiés ou dissimulés?

Il n'est pas de parquet de province qui ne puisse donner de renseignements précieux sur ce point. A Paris, tout le monde sait ce que coûte une affaire devant le jury d'expropriation. En apparence l'exproprié ne subit aucuns frais en justice; — pas de taxe, pas d'officiers ministériels, et cependant jamais un plaideur obtenant 10,000 francs d'un tribunal civil en sus des offres que lui faisait son adversaire, n'a payé à son avoué les 1,000 francs que l'exproprié verse entre les mains de son homme d'affaires quand il obtient un résultat semblable.

vous changerez simplement les mots, avec cette différence que le prix d'un office profite à l'État... »

Ces observations, si vraies, si topiques, s'appliquent très-bien à la tendance que nous combattons. Dans les justices de paix les plus occupées, il y a déjà des hommes d'affaires *agréés* auxquels le juge donne *presque exclusivement* l'accès de sa barre. Sans cette mesure, la vérité ne peut se faire jour; mais les plaideurs, qui y gagnent en sécurité, y gagnent-ils en économie?

Cet exemple doit suffire pour démontrer que la suppression des taxes et de l'entremise des officiers ministériels n'abaisserait pas efficacement les frais de tout procès.

§ 35

Ceci ne veut pas dire, cependant, qu'il faille renoncer à abaisser le tarif actuel, et qu'il soit juste d'appliquer une même tarification à toute affaire sommaire, quelle que soit son importance. Si la mesure que nous combattons semble trop radicale dans ses procédés, nuisible même aux intérêts du public qu'elle abandonnerait aux agents d'affaires, dans les affaires de 500 francs et au-dessous il eût été possible de dégrever les plaideurs sans bouleverser les compétences. Nous précisons, sur ce point, des réformes souvent indiquées, d'une réalisation facile et dont il suffirait d'appliquer quelques-unes pour satisfaire tout le monde.

1° La mention de non-comparution au procès-verbal de non-conciliation (2 francs 50 centimes) pourrait être suppléée par une simple mention mise par le greffier sur l'original de citation;

2° L'assignation devant le tribunal pourrait être taxée comme la citation en conciliation (2 francs 35 centimes au lieu de 5 francs 50 centimes);

3° La mise au rôle, qui rapporte aux greffiers 1 franc 50 centimes, pourrait être remplacée par un simple droit d'inscription (20 centimes);

4° La constitution d'avoué, l'avenir, l'acte de conclusions contenant les moyens de défense, pourraient, ou être confondus dans une assignation à jour fixe, ou être rédigés sur papier libre (économie de 5 francs environ);

5° Le droit d'obtention de jugement, qui est de 15 francs dans les affaires au-dessous de 500 francs, pourrait être proportionnel de 200 à 500 francs ;

6° Le droit de minute du jugement pourrait être rendu proportionnel au chiffre de la condamnation;

7° Les qualités du jugement, dans les affaires où le montant des condamnations ne dépasse pas 300 francs, par exemple, pourraient être rédigées par le greffier comme en matière commerciale (économie : 1 franc au lieu de 6 francs 40 centimes);

8° L'expédition du jugement ne serait levée qu'après un avertissement donné à la partie condamnée et la prévenant que, faute par elle de donner satisfaction dans un délai de huitaine, le jugement sera signifié.

§ 36

En réformant ainsi les tarifs il faudrait évidemment réserver aux officiers ministériels des émoluments plus élevés dans les affaires plus importantes, leur attribuer, sur d'autres points, de nécessaires et faciles compensations; mais il ne s'agirait pour eux que d'une modification dans les perceptions, d'une perte sans doute grande sur une série d'affaires, et non de la suppression radicale et sans indemnité de toute cette série d'affaires.

Là devrait s'arrêter la réforme : elle devrait consister en une pure révision des tarifs.

Si elle est poussée plus loin, elle aura deux conséquences : la première de rendre l'arrondissement plus inutile encore ; la seconde de donner une importance que rien n'a préparée au chef-lieu de canton.

Tout en croyant que le nombre des arrondissements devra diminuer, que telle est la tendance bien manifeste de toutes les réformes, tout en admettant que le nombre des tribunaux peut dès à présent être restreint, nous n'envisageons pas comme conséquence logique de cette nouvelle division administrative la transformation du chef-lieu de canton en petit chef-lieu d'arrondissement.

Pour reconstituer quelque chose en province, il ne faut pas multiplier les centres judiciaires ou administratifs, mais en combiner de plus importants en raison des besoins des populations et des facilités des communications. Suivre une marche diamétralement inverse serait aggraver le mal.

La France, qui s'est habituée depuis quatre-vingts ans à demander au chef-lieu d'arrondissement un juge pour tout procès de 200 à 500 francs, n'a pas tout à coup trouvé que les voies nouvelles percées de toutes parts, les chemins de fer, les messageries qui se sont créées partout, aient augmenté les distances. La France ne s'est pas subitement éprise d'une passion pour le canton, qui ne représente rien, ni au point de vue politique, ni au point de vue financier, ni au point de vue administratif.

Tout au contraire, elle souffre de voir sur une surface restreinte tant de petites villes qui végètent et qui forment autour d'elles un cercle judiciaire misérable; c'est en diminuant ces centres, en augmentant l'importance d'une, de deux, de trois villes au plus par département, que l'on pourra suivre le mouvement qui a toujours poussé notre pays vers la centralisation provinciale, qui est le moyen de décentralisation le plus efficace.

Ces considérations générales se retrouveront répétées, avec une nouvelle force, en discutant, dans ses applications, la partie des nouveaux projets qui concerne les ventes judiciaires. Celles-ci, par les émoluments qu'elles motivent, représentent les meilleurs bénéfices des offices ; mais, par leur masse, par les relations qu'ils établissent entre les chefs-lieux judiciaires et le moindre village, les petits procès créent la clientèle fixe de chaque étude.

Considérable dans ses résultats immédiats, la réforme en produirait de plus graves encore. Nous avons indiqué ici, sous le point de vue des attributions des justices de paix et de l'existence des officiers ministériels, la portée de cette réforme, il reste à en étudier l'effet relativement aux fortunes immobilières et à l'existence des tribunaux civils.

---

§ 37

La réforme relative aux justices de paix n'était pas demandée : dans la presse, dans les mille manifestations de l'opinion publique, nul reproche ne s'est élevé contre la réglementation ancienne de nos compétences. Nous venons même d'établir que le mouvement général était marqué dans un sens opposé.

Le système à la fois juridique et financier qui régit les différentes mutations de la propriété a été, au contraire, l'objet de vives critiques souvent très-fondées. Dans la dernière session du Corps législatif un orateur les a renouvelées, et M. le Play en a donné un résumé complet et énergique au deuxième volume de la *Réforme sociale*. Il a montré ce que devient une petite propriété représentant un capital de 725 francs par l'effet de nos procédures multiples et de nos frais judiciaires.

S'il y a quelque danger à prendre ainsi des exemples isolés, à choisir des cas fort rares (il est rare, en effet, que, pour un pareil capital, il y ait un partage judiciaire), l'ensemble des reproches formulés contre les effets de la loi de 1841, insuffisante dans ses réformes, méritait un sérieux examen et exigeait la révision d'une portion importante de nos lois.

Les statistiques judiciaires ont permis de formuler nettement le mal auquel il fallait porter remède.

§ 38

De 1862 à 1863, les ventes judiciaires au-dessous de 5,000 francs s'étaient résumées dans le tableau suivant :

			Moyenne des prix.	Moyenne des frais.	
1021	ventes	au-dessous de 500 fr.	270	318 soit	117 %
1318	—	de 500 à 1,000	759	338	44 %
2398	—	de 1,000 à 2,000	1349	363	24 %
4495	—	de 2,000 à 5,000	3328	411	16 %

Si on lit ce tableau sans bien connaître la législation, on ne peut arriver à comprendre qu'un bien de 270 francs puisse comporter une vente dont les frais s'élèvent à 318 francs : quelle que soit la législation, cependant, il y a un *minimum* de frais au-dessous duquel jamais on ne pourra descendre.

Si ce *minimum* est, par exemple, de 250 francs pour une vente, il est certain que tout immeuble d'une valeur inférieure sera vendu dans des conditions déplorables. On peut abaisser ce *minimum*, mais il sera toujours impossible de faire (en admettant même, comme on le prétend maintenant, l'abaissement des frais à une centaine de francs) qu'une lande de Bretagne, valant 60 francs, puisse être utilement expropriée.

A cet inconvénient général (nous démontrerons que c'est parfois un avantage pour la petite propriété), il faut opposer d'ailleurs la suite du tableau ci-dessus :

	Moyenne des prix.	Moyenne des frais.		
3161 ventes de 5,000 à 10,000 fr.	7,000	453	soit 0.95	%
4480 — au-dessus de 10,000	48,000	848	1.75	%

Pour quiconque sait lire, le mal dont souffre la propriété et dont on se plaint est expliqué par cette proportion : *Une vente de* 48,000 *francs coûte* 848 *francs. Une vente de* 270 *francs coûte* 318 *francs.*

L'une paye trop et l'autre ne paye pas assez.

La différence du prix est comme celle de 480 à 2.

La différence des frais comme celle de 3 à 8.

Le gouvernement n'a jamais tiré cette conclusion et s'est borné à constater « qu'en quatre années on « remarque avec peine une augmentation de 55 francs « par procédure de vente, et pourtant ces frais sont « tous taxés par les soins d'un magistrat et doivent « dès lors avoir été légalement faits. La législation « semble donc être, par les exigences de son forma- « lisme, la cause première d'un mal auquel il est ma- « nifestement nécessaire de pourvoir dans un avenir « prochain. » (Rapport à l'Empereur, 1866.)

Afin d'être complet, le rapport aurait peut-être dû ajouter que cette augmentation dans les frais ne peut être imputée aux officiers ministériels; qu'elle ne tient qu'à deux seules causes : l'accroissement des frais de timbre, portés de 35 à 50 centimes, et l'établissement d'un décime en sus sur tous les droits d'enregistrement, *décime supprimé depuis un an seulement*. Ce ne sont pas les avoués qui ont profité de cette augmentation; ce ne sont pas eux non plus qui touchent la plus lourde part de ces frais si lourds, et cependant il semble que la responsabilité de l'accroissement dans les charges qui incombent aux parties pèse tout entière sur eux et sur leurs exigences.

§ 39

Ces vérités, qui sont banales pour quiconque connaît le mécanisme de nos impôts et de nos procédures, sont cependant ignorées du public, qui paye entre les mains de l'officier ministériel sans prendre la peine de rechercher ce qui représente pour celui-ci un *déboursé*, c'est-à-dire un payement fait à l'État. Souvent même, quand on parle de l'élévation des frais judiciaires, quand on aligne des chiffres pour la démontrer, on oublie d'indiquer cette division entre la somme qui équivaut à un impôt de *mutation* et celle qui représente la rémunération du conseiller des parties.

Cet impôt progresse avec le prix de la vente.

Cette rémunération ne suit point la même progression.

Ainsi, quand le prix d'adjudication d'un immeuble est de 789 francs, les frais sont de 338 francs.

Quand le prix est de 7,000 francs, ces frais sont de 453.

Dans l'un et l'autre cas, la loi ordonne les mêmes actes, impose le même émolument, qui reste *invariable*.

Mais pour le Trésor il n'en est pas de même : l'impôt de l'enregistrement s'élève *proportionnellement.*

Sur un prix d'adjudication de 1,000 francs, les frais d'enregistrement, de transcription et de rédaction des minutes sont de 63 francs seulement.

Sur un prix de 7,000 francs ils sont de 441.

Ainsi, vis-à-vis de l'État, la progression exige logiquement un droit sept fois plus fort; vis-à-vis de l'avoué, dont la responsabilité s'accroît cependant, la progression est seulement d'un peu plus du tiers.

C'est en se plaçant à ce point de vue qu'il faut envisager la réforme devenue nécessaire. L'officier ministériel, qu'il s'agisse d'un procès ou d'une vente, agit surtout comme collecteur d'impôt (V. § 17), et l'élévation de la somme qu'il réclame est toujours due à l'élévation des droits fiscaux.

Pour le démontrer surabondamment, il suffit de soumettre à une analyse détaillée ces chiffres, dont la masse compacte effraye, dont l'avoué doit toucher la totalité, dont il fait l'avance et dont cependant il ne perçoit pour lui-même qu'une fraction. Nous avons procédé ainsi à l'égard des frais que nécessite la vente sur surenchère d'un immeuble vendu d'abord sur licitation devant notaire. C'est un des exemples que l'on invoque toujours pour établir l'exagération des tarifs.

L'immeuble en question avait d'abord été vendu 2,700 francs.

Sur cette première vente le notaire avait touché :

Honoraires	27 fr. » c.	
Rôles d'expéditions.	55 50	
	82 50	
Et le Trésor avait perçu :		
Timbre et enregistrement	202 58	
	285 fr. 08 c.	285 fr. 08 c.
Sur la surenchère, l'immeuble est vendu 3,150 francs.		
Mais les frais s'élèvent à :		
Avoué et huissier. .	81 fr. 20 c.	
Greffe.	26 67	
Trésor	60 52	
Imprimeur	35 45	
	203 fr. 84 c.	203 84
L'État perçoit un droit de 7 p. 100, soit 66 francs.		66 »
Un extrait en quinze rôles coûte :		
Greffier.	4 fr. 50 c.	
Trésor	22 05	
	26 fr. 55 c.	26 55
		581 fr. 47 c.

Les frais montent ainsi déjà à un cinquième du prix d'adjudication.

Mais, sur cette somme de 581 francs 47 centimes, quelle est la part du Trésor? — 353 francs.

Quelle est la part de l'avoué et de l'huissier? — 81 francs 20 centimes.

§ 40

Au risque de multiplier les preuves, nous tenons à indiquer encore ce que peut coûter *au plus* une des procédures les plus compliquées : la vente de trois immeubles par suite de licitation entre majeurs et mineurs, faite à la barre d'un tribunal important du ressort d'Amiens, le 1er décembre 1866.

Ces immeubles ont été adjugés au prix de 4,995 francs.

Les frais se sont élevés à 1,059 fr. 97 c., fort au-dessus de la moyenne ordinaire.

On trouvera, aux notes rejetées à la fin de cette brochure, le décompte général de tous ces frais, tels qu'ils ont été judiciairement taxés. Rien ne peut être plus instructif qu'un pareil tableau. Il en résulte que l'État perçoit directement ou indirectement sur une vente inférieure à 5,000 francs :

Enregistrement et timbre . .	571 fr.	26 c.
Droit des hypothèques. . . .	10	90
Droits de greffe.	31	90
Greffier de justice de paix . .	14	05
	628 fr.	11 c.

Dans plusieurs départements où les annonces judiciaires sont le monopole des journaux du gouvernement et leur assurent une subvention sans laquelle ils ne pourraient exister, il faut ajouter à ce chiffre le prix des insertions taxé, dans cette vente spéciale, à 100 francs 05 centimes. Sans y comprendre cette dernière somme, il y a donc un droit de 12 0/0 perçu par l'État sur la vente judiciaire d'un immeuble de 5,000 francs.

Quand l'immeuble vaut moitié moins, ce même droit monte dans une proportion mathématiquement inverse.

Quant aux avoués qui ont représenté et conseillé toutes les parties en cause, qui ont rédigé les actes que le Code exige pour augmenter, surtout en pareil cas, la consommation du papier timbré, cette même taxe leur attribue une somme de 290 francs.

S'il se fût agi d'une adjudication de 10,000 francs, les frais eussent été les mêmes, sauf l'enregistrement et une somme de 120 francs en plus pour l'avoué poursuivant.

Que l'on prenne cet état de frais, d'une part, comme base de discussion; que l'on y note tous les actes inutiles : — l'on verra que ces actes ont été créés dans un intérêt presque exclusivement fiscal.

Que, d'autre part, l'on prenne le chiffre de 290 francs comme indication du *maximum* d'émolument dans tous les tribunaux taxant ces procédures comme en matière sommaire; qu'on cherche la proportion nécessaire pour représenter ce que des commerçants occupés dans une ville de province, des paysans retenus par leurs récoltes, des fonctionnaires astreints par leurs travaux à une résidence fixe, perdraient en gages de mandataires pour s'éclairer, se faire représenter au cours d'une liquidation et des opérations d'une vente faite devant notaires, et qu'on attribue, sous forme d'émoluments, cette même somme aux officiers ministériels : — l'on verra que les 290 francs représentant, dans l'espèce, le salaire des avoués équivalent à une rémunération économiquement tarifée.

A l'aide d'un travail semblable, et en détaillant quelques états de frais, tout homme de bonne foi reconnaîtra que le poids qui grève la petite propriété est dû surtout aux nécessités de l'impôt; que les frais d'officiers ministériels sont loin d'être aussi élevés qu'on le suppose en voyant un chiffre total dont le dépouillement n'est jamais fourni; qu'enfin ce qu'il y a d'exagéré dans ces frais peut facilement être réduit sans bouleverser les compétences.

§ 41

Notre pensée serait donc très-mal comprise si on nous prenait pour un défenseur absolu de la tarification actuelle. Elle comporte des abus qui ont été signalés avant comme après la loi de 1841; elle peut se prêter à des modifications importantes, et les officiers ministériels doivent, en certains cas, renoncer aux émoluments qui leur sont accordés pour des actes inutiles; en d'autres, consentir à ce que la petite propriété ne leur paye point les mêmes émoluments que la grande. Quand on a vu le Gouvernement annoncer qu'il allait mettre à l'étude la réforme de cette tarification, chacun s'est préparé à accepter loyalement une part de sacrifice. La bonne volonté et l'abnégation ont été absolues.

Il semblait que la lumière était faite, que l'élévation des frais fiscaux, aux yeux de tous, était la principale cause des abus. Un mot spirituel en avait qualifié l'inégale répartition sous le nom d'*impôt progressif à rebours*.

On pouvait croire qu'après tant d'efforts anciens, tant de tentatives infructueuses, ou bien le Gouvernement renoncerait à des changements insuffisants en face des exigences budgétaires, ou bien prendrait un parti décisif et rendrait l'impôt des frais judiciaires progressif dans le bon sens.

Il n'en est rien. Mais il est encore temps de discuter ce qui n'est qu'un projet, qu'un système, — ce qui n'est pas encore *une loi*, et, dans ce but modestement poursuivi, nous examinerons, sans aucune réserve, le plan officiel.

§ 42

Il y a près d'un an que le monde judiciaire connaît les dispositions essentielles des projets discutés et adoptés à la chancellerie. Depuis que ces projets ont été définitivement rédigés et sont renvoyés devant le Conseil d'État, tous les journaux en ont reproduit l'économie. Chaque chambre d'officiers ministériels en sait maintenant tous les articles. Dans un éloquent discours (1) prononcé à l'audience de rentrée de la Cour d'Aix, M. l'avocat général Desjardins faisait espérer que le nouveau Code de procédure concilierait les intérêts des avoués avec ceux des justiciables.

Il ne nous appartient pas cependant d'entrer dans une discussion détaillée. Nous indiquerons seulement l'ensemble général des innovations à l'aide desquelles le plan annoncé, publié partout, peut être réalisé. — Heureux si, sur plusieurs points, la réforme se borne à simplifier sans détruire, à réduire des frais utiles sans enlever des sûretés nécessaires.

Le principe nouveau — on le sait déjà — consiste dans le renvoi devant notaire des ventes sur saisie et des licitations pour cause de partage des immeubles portés pour *dix francs* et au-dessous au rôle des contributions foncières.

Cette indication du rôle des contributions équivaut à la fixation d'un *maximum* de 5,000 francs. On admet, en effet, qu'un franc d'impôt donne en principal un revenu moyen de 16 francs 69 centimes et une valeur

(1) *Magistrat-jurisconsulte.* Aix, Remondet-Aubin, 1866.

vénale de 522 francs 42 centimes — 10 francs d'impôt foncier représentent ainsi 5,224 francs 20 centimes.

Pour un procès il est facile de fixer une compétence, puisque le chiffre de la demande est connu; mais du moment où le législateur veut créer deux compétences différentes pour les ventes, il lui faut trouver une base d'évaluation fixe, puisque le chiffre qu'atteindra l'adjudication est inconnu. On ne pouvait trouver cette base ailleurs que dans les cotes des contributions foncières; malheureusement ce n'est point un élément d'appréciation digne d'une confiance absolue.

Tout le monde sait la variation énorme des évaluations cadastrales: dans plusieurs départements elles remontent à plus de quatre-vingts ans et ne fournissent que des indications très-inférieures à la valeur véritable des terres. Cet état de choses durera encore longtemps, car si la refonte du cadastre augmenterait le chiffre des contributions directes, elle coûterait des millions, et, tant que nous conserverons le système cadastral qui nous régit, les départements les plus pauvres, ceux, par conséquent, où les ventes immobilières au-dessous de 5,000 francs sont les plus fréquentes, conserveront aux cotes inférieures à 10 francs des parcelles valant plus de 5,000 francs.

Sur ce point nous ne citerons qu'un fait. Un immeuble payant 10 francs d'impôt a été tout récemment adjugé 20,000 francs à la barre du tribunal de Limoges.

Dans quel dédale va donc se trouver le législateur! A quelles inégalités il va soumettre le public! Nous aurons donc des *pays de cadastre ancien*, où l'on vendra devant notaires des biens de 15,000 francs, et des *pays de cadastre nouveau*, où la loi nouvelle s'appliquera seulement à ceux qui valent trois ou quatre fois moins! Et, en même temps, combien l'idée de justice perdra à ces variations dépendant d'une simple frontière départementale! Combien la perte sera inégale entre les officiers ministériels de deux départements limitrophes!

§ 43

Quel que soit, du reste, le mode d'évaluation adopté, la nécessité d'établir deux catégories d'immeubles n'en aura pas moins pour fatal effet de diviser en deux classes la propriété foncière :

1° La *grande propriété*, ne pouvant être saisie, expropriée ou divisée que d'après la procédure de 1806 et de 1841, devant un tribunal ou en vertu d'un jugement;

2° La *petite propriété*, pouvant être saisie, expropriée, divisée sans les mêmes formes, sans les mêmes sûretés, mais aussi sans les mêmes frais *moyens*, devant un notaire et par une simple ordonnance.

C'est là une mesure en apparence démocratique qui blesse cependant le principe d'égalité et porte une sérieuse atteinte à l'assiette des propriétés. Elle favorise les unes aux dépens des autres. Que ce soit les petites propriétés ou les grandes, peu importe : la terre doit avoir les mêmes lois, puisqu'elle donne les mêmes droits.

La petite propriété, dans le régime présent, paye, *pour une garantie juridique identique*, un droit égal à celui que paye la grande. Deux champs de 4,000 francs payent plus qu'un champ de 8,000 francs. — C'est là un abus.

Dans le régime nouveau, la petite propriété payerait moins, mais elle aurait des *garanties juridiques inférieures*. — C'est là un abus non moins grand.

Dans le régime présent la procédure est uniforme ; les mêmes actes sont imposés à tous enchérisseurs, à tous copartageants : cela est juste. Mais ces mêmes actes, servant à garantir aux uns un capital de 5,000 francs et aux autres un capital de 50,000 francs, coûtent à tous le même prix, ce qui est moins juste.

Dans le régime nouveau il y aura pour les uns une

série d'actes économiques, pour les autres l'ancienne série d'actes à prix uniforme, ce qui ne sera pas plus juste.

La véritable réforme devrait consister à rechercher les actes nécessaires à toute mutation judiciaire; à les échelonner, quant au prix, en catégories distinctes; à ne pas faire payer 1 franc 50 centimes la feuille de papier timbré qui est employée pour la saisie ou la mutation d'un immeuble de 1,000 francs, à faire payer le triple pour la mutation d'un immeuble de 20,000 francs; enfin à rendre proportionnels également les droits d'enregistrement.

§ 44

Avec un pareil système, adopté héroïquement, il n'y eût pas eu une division regrettable entre les propriétés. On eût rendu les tarifs progressifs, au lieu de les maintenir invariables. Un dégrèvement ne porte aucune atteinte à l'égalité, puisqu'il tend à la rétablir.

Sans doute il aurait fallu imposer aux avoués, aux greffiers, aux huissiers, des pertes sérieuses; mais il aurait fallu en même temps appliquer ce dégrèvement aux droits d'enregistrement, et, pour être complet, il eût été fort nécessaire de donner aux officiers ministériels des émoluments plus forts dans les ventes plus considérables.

Une telle réforme aurait été acceptée et applaudie par tout le monde, et depuis longtemps bien des projets ont été préparés et proposés pour diviser les ventes, les licitations et tous les procès même, en quatre classes, dont la première, conservant toutes les garanties des autres, jouirait d'une véritable immunité.

Ces projets, qui auraient exigé une diminution dans les droits fiscaux, ont été repoussés, et dès lors se présente ce dilemme sans réponse, écrasant par sa netteté, sa précision, et qu'il faut toujours rappeler : *Ou vous enlevez à la petite propriété de précieuses garanties en lui faisant payer la même somme d'impôt; ou vous imposez à la grande propriété des formalités, des lenteurs et des frais inutiles et vexatoires.*

En effet, pourquoi faudrait-il un jugement et des délais doubles pour saisir une terre de 10,000 francs? Cette terre n'a-t-elle pas la même importance pour son propriétaire riche que le champ de 1,000 francs pour son propriétaire pauvre?

§ 45

Si le régime qu'on voudrait appliquer aux immeubles de moins de 5,000 francs devait jamais, par une loi logique, s'étendre à tous les autres, une expérience déjà ancienne en démontrerait à l'avance les inconvénients.

De tout temps la saisie immobilière, — qui n'est autre chose que la main mise par le créancier sur le gage que lui assure la terre ou la maison de son débiteur, — a été entourée de formalités. Avant la révolution elles étaient exagérées, puisque des titulaires d'offices, appelés *commissaires aux saisies réelles*, administraient les biens frappés d'un simple commandement et sur lesquels l'huissier avait planté le *brandon*, le *pannonceau* aux armes royales, — signe matériel de la main mise; de plus, pour assurer la sincérité et la concurrence des enchères, les règlements exigeaient quatre criées (c'est-à-dire quatre annonces publiques de la vente avec certaines formalités) faites chacune à quatorze jours de distance. Un jugement, nommé *sentence de congé d'adjuger*, autorisait ensuite l'adjudication après avoir constaté la régularité des opérations.

Telle était la procédure réglée par l'édit de 1551. Elle a conservé plus d'un rapport avec celle qui serait maintenue pour les biens supérieurs à 5,000 francs.

Mais les biens de peu de valeur, véritables *biens roturiers*, étaient saisis avec moins de solennités. L'Etat percevait toujours sur ces mutations le droit d'insinuation et de centième denier, mais le *saisí perdait la garantie du débat judiciaire*. Quand l'immeuble ne valait pas les frais d'une *sentence de congé d'adjuger*, il était mis en vente après trois criées. En vertu d'un arrêt de règlement du 29 janvier 1658, il en était ainsi pour les immeubles estimés à moins de 2,000 livres.

De plus on ne pouvait, en province, *saisir réellement* pour moins de 100 livres, comme nous l'apprend Pothier; — pour moins de 500 livres à Paris, comme nous l'apprend la coutume du Châtelet, conservée dans les traditions de la chambre des avoués de la Seine.

La règle posée par l'arrêt de 1658, — édicté dans tout l'immense ressort du parlement de Paris, — fut étendue plus tard aux ventes de moins de 4,000 livres (voir *Dalloz*, *Vente judiciaire*), et le Dictionnaire de Ferrière (au mot *Saisie réelle*) nous montre comme elle s'appliquait :

« *Quand les biens saisis sont de peu de valeur et qu'on a sujet de craindre qu'ils ne se consomment en frais de criées et de consignation, les créanciers peuvent demander qu'ils soient vendus sur trois publications après prisée et estimation, conformément à l'article* 9 *du règlement du* 29 *janvier* 1658, *rapporté au* Journal des audiences, *qui porte que, si, par l'estimation qui sera faite, « les biens « saisis n'excèdent point la somme de* 2,000 *livres, ils « peuvent être vendus après trois publications faites sur « les lieux, et qu'on sera tenu de rapporter préalablement « un certificat que les publications ont été faites. »*

N'est-ce pas vraiment ce vieil usage que nous allons voir revivre? L'esprit créateur du législateur n'a-t-il pas pris pour une innovation heureuse ce qui n'était qu'une reproduction bâtarde?

Les huissiers faisant leurs trois criées, recevant les enchères à la porte de l'église, en présence d'un officier spécial, — *le commissaire aux saisies*, — représentent bien le notaire de village opérant la vente dans le régime nouveau.

En 1658, la *forme* était sacrifiée; on supprimait le jugement et l'adjudication à la barre. — Le *fond*, c'est-à-dire l'impôt, restait.

§ 46

Il y avait donc dans l'ancienne législation, basée sur des distinctions que les *cahiers* de 1789 ont combattues avant la révolution elle-même, une *saisie pour les riches* et une *saisie pour les pauvres;* — mais, par une inégalité choquante, il y avait devant l'inflexibilité des charges fiscales une égalité absolue entre ces deux espèces de biens. C'est contre ces divisions injustes que la France s'est élevée.

Elle a demandé pour tous les mêmes manières d'agir, pour tous de mêmes juges, pour tous les mêmes délais. « S'ils protégent les uns, a-t-elle dit, ils doivent défen- « dre les autres. »

Elle n'a pas voulu qu'il y eût plus de castes dans les parcelles cadastrales que dans la multitude des contribuables. Mais, en même temps, au nom des mêmes principes d'égalité, elle a demandé à l'État de ne pas faire payer les émoluments des officiers ministériels qu'il a institués et les frais de la justice (qu'il rend et qui doit être rendue au même lieu, par les mêmes juges, égale pour tous) aussi cher aux riches qu'aux pauvres, puisque la garantie donnée par la justice représente, selon l'importance des litiges, une valeur plus grande et dont le prix doit progresser.

Serait-ce répondre à de tels vœux que de renverser le problème et de détruire l'égalité de justice pour maintenir l'égalité injuste dans le payement de la procédure et du fisc?

§ 47

Nous avons établi qu'entre le système de l'arrêt de règlement de 1658 et les projets de 1867 la différence est peu sensible.

En 1658 on voulait rendre plus faciles les *petites ventes* sans les décharger des frais fiscaux, et pour cela on supprimait la procédure de *décret* ou d'expropriation ! De même on enlève, en 1867, aux petits propriétaires la procédure de saisie réelle en conservant les mêmes droits de timbre et d'enregistrement.

Sur d'autres points la procédure nouvelle se rapprocherait d'un autre système appliqué en France par la loi du 11 brumaire an VII. Cette loi conservait, il est vrai, l'adjudication de la barre, mais, pour tous les immeubles, elle abrégeait singulièrement les délais et réduisait la saisie immobilière aux formes les plus simples. — Des plaintes unanimes s'élevèrent; on reconnut que le débiteur de bonne foi est exposé à perdre sa propriété avant d'avoir pu se défendre, s'il est exproprié trop vite, et qu'en même temps le créancier hypothécaire perdrait son gage si le débiteur de mauvaise foi pouvait trop facilement figurer une saisie et provoquer une vente à bas prix suivie d'un rachat déguisé.

C'est pour réagir contre ces abus que le Code de 1806 a développé un véritable luxe de formalités et de délais, qu'il a fallu réduire de moitié en 1841, qu'il faut abaisser encore.

Mais l'esprit de notre législation ne devrait être atteint par aucun de ces changements : cet esprit veut que les tribunaux, éclairés par une procédure, veillent aux intérêts des mineurs astreints à se partager des immeubles, à la défense des propriétaires saisis, accablés par un désastre soudain ; dans ce cas, les tribunaux ont le droit de choisir le lieu le plus favorable à une vente immobilière, de la renvoyer soit devant un notaire rural, s'il est présumable que les acheteurs se présenteront en plus grand nombre *sur lieu*, soit à l'audience des criées, si la situation des immeubles rend plus avantageuse une vente faite au tribunal, placé au milieu de l'arrondissement, entouré de routes fréquentées par toute la population avoisinante.

Enfin, quand des délais sont nécessaires, quand des fraudes sont habilement dissimulées derrière une poursuite de saisie ou de licitation, les tribunaux ont un souverain pouvoir d'appréciation et de censure.

Telle est la raison d'être de l'intervention judiciaire.

Puis, à côté de cette raison majeure, nos lois établissaient des formalités, des procédures, des significations d'actes, qui représentent l'émolument des avoués, conseillers et mandataires nécessaires des parties, qui surtout servent à motiver la perception de l'impôt du timbre et de l'enregistrement.

Mais cet ensemble de formalités qu'on peut abréger, qu'on peut changer, qu'on peut simplifier, n'en est pas moins une nécessité économique : elles assurent la distinction entre la propriété mobilière, essentiellement mobile, et la propriété foncière, essentiellement fixe. Celle-là doit être transmise sans frais, sans formalité, sans risques; celle-ci ne doit changer de mains qu'après *une véritable résistance* opposée par nos institutions. — A ce prix elle constitue une réserve pour le pays, une influence morale et politique pour le détenteur, un capital bien supérieur aux 2 p. 100 qu'elle rapporte.

§ 18

La propriété immobilière a en France une valeur double de celle de la propriété mobilière : cette supériorité dans les prix et les transactions, cette différence même dans les préférences à prix égal, tient à deux causes : d'une part, la sécurité qu'offre le placement foncier : nul ne peut prendre la terre, nul accident ne peut la détruire ; d'autre part, la facilité qu'elle offre, par sa stabilité même, à devenir le *gage d'un emprunt*.

Dans un partage, l'héritier qui reçoit un lot mobilier estimé 10,000 francs ne peut se procurer des fonds qu'en vendant ce lot ou en le donnant en gage : dans les deux cas il perd la jouissance de sa chose pour un temps ou pour toujours. Le propriétaire foncier peut, au contraire, emprunter sur sa terre sans en perdre les fruits, sans diminuer sa jouissance. L'un est exproprié rapidement, et de même il peut vendre instantanément ; l'autre, jusqu'ici, ne peut être exproprié qu'après de sages lenteurs et ne peut même renoncer à sa propriété qu'après de longues formalités.

Les mêmes raisons ont voulu que les terres ne pussent être partagées, *licitées*, entre héritiers, — c'est-à-dire changer de main, — qu'avec le concours des tribunaux.

A ce prix la propriété immobilière est stable et le gage hypothécaire est sûr.

Ces lenteurs et ces formalités sont à l'avantage de la petite propriété, que les projets relatifs aux *saisies immobilières* veulent protéger et encourager, et dont ils diminueraient cependant la valeur. En effet, du jour où un immeuble valant moins de 5,000 francs pourra être saisi, exproprié, licité ou vendu plus facilement, plus rapidement et avec moins de publicité qu'un immeuble de 10,000 francs, les capitalistes honnêtes prêteront moins facilement, toutes proportions gardées, sur le gage de l'immeuble de 5,000 francs, qui peut être saisi, partagé et revendu à vil prix, que sur le gage de l'immeuble de 10,000 francs. — Celui qui prête loyalement sur hypothèque se préoccupe moins de pouvoir saisir et exproprier son débiteur que de ne pas le voir saisi et exproprié par un autre créancier. Il cherche à faire un placement sûr et non à acquérir un droit plus rigoureux. Dans les campagnes où tel lot de terre convient à un voisin, il importe surtout de ne pas permettre à la convoitise d'arriver à l'expropriation en achetant une créance sur le propriétaire pauvre. Les capitalistes peu délicats, les financiers de village, les prêteurs usuraires sur gage immobilier, trouveront, au contraire, dans les facilités d'une loi nouvelle un moyen sûr et légal d'acquérir la terre à peu de frais.

Avec leur bon sens, la finesse qu'ils apportent dans toute question d'intérêt, nos paysans verront très-bien que la loi, en rendant la saisie immobilière d'une chaumière ou d'un champ moins coûteuse, l'a rendue plus facile, et qu'en la rendant plus facile, la loi a constitué au profit de la grande propriété un véritable privilége : celui de l'expropriation lente, coûteuse et difficile.

Nos lois anciennes, quelque imparfaites qu'elles fussent, avaient indirectement constitué le privilége inverse : elles avaient rendu presque impossible l'expropriation du pauvre. Elles avaient ainsi réalisé le vœu de plusieurs tribunaux, dans l'enquête de 1829, et de quelques économistes, qui voudraient que l'unique champ d'un pauvre, comme son lit et ses outils, ne pût jamais être saisi.

§ 49

Il est donc certain qu'avec le régime nouveau la petite propriété présentera moins de garanties. Deux classes d'immeubles existeront au mépris de l'égalité, et les saisies immobilières se multiplieront.

Voilà sous quel point de vue *l'État est toujours sûr de ne rien perdre :* une saisie immobilière coûtera moins et rapportera moins au trésor; mais, au lieu de 5,000 saisies immobilières, il y en aura chaque année 7 ou 8,000, et le trésor, pour employer une expression vulgaire, sera indemnisé par *la quantité.* Il est bien reconnu en économie politique qu'une loi fiscale produit d'autant plus qu'elle facilite un plus grand nombre d'opérations sujettes au droit.

En comparant les statistiques judiciaires avec celles des cotes foncières, on peut facilement prévoir quelle sera cette progression. L'élévation des frais judiciaires contre laquelle on réclame n'a point jusqu'ici empêché le nombre des ventes judiciaires d'immeubles d'une valeur inférieure à 5,000 fr. de dépasser de près du double celui des ventes d'un chiffre supérieur.

Or, *le nombre des cotes inférieures à 10 fr. ne dépasse*

point, dans la même proportion, celui des cotes d'une plus grande importance.

Les 6,750,000 maisons construites hors des villes de 5,000 âmes et frappées par l'impôt foncier ont une valeur vénale de 10 milliards ;—« ce qui donne, d'après M. le président Bonjean, 1,500 fr. pour moyenne de chaque maison, et cette moyenne il faudrait la réduire de moitié pour avoir la valeur vraie d'une maison de la petite propriété ; car, dans ces 6,750,000 propriétés bâties, figurent les 42,000 châteaux et maisons de campagne de luxe, ainsi que la moitié peut-être de nos 138,000 usines. » Il y a donc en France plus de 6 millions de maisons d'une valeur inférieure à 1,500 fr. : « la propriété bâtie est donc aussi *démocratisée* qu'il est possible. » (Séance du Sénat, 6 avril 1866.)

On voit à quelle immense catégorie d'immeubles et de constructions la réforme s'adresse : ce sont ces immeubles qui, dans l'état présent, donnent déjà lieu, en tenant compte de la proportion, au plus grand nombre de procédures ; ce sont ces petits propriétaires qui occupent le plus souvent les tribunaux.

Entraves judiciaires, frais énormes, procédures compliquées, rien n'a empêché la petite propriété d'être plus souvent vendue judiciairement que la grande. Le petit propriétaire s'obère facilement, emprunte à tout prix pour s'agrandir. Quand il pourra être saisi et vendu en moins de temps, sans que son créancier rencontre d'obstacles salutaires, il sera la victime de sa propre passion pour la terre, et il regrettera l'ancienne protection de la loi.

§ 50

Un autre danger a déjà frappé tous ceux qui se sont occupés de nouveaux projets en se plaçant à un point de vue pratique : l'insuffisance de la défense des intérêts de chacun.

Actuellement la vente d'un immeuble, ou sa licitation opérée judiciairement, nécessite un débat, un procès. Chaque partie est représentée, défendue ; *chaque partie reçoit forcément des conseils*. Ici, encore, la loi a voulu protéger les parties contre leur inexpérience et leur découragement, en leur imposant l'emploi de mandataires légaux dont la capacité est égale.

L'effet immédiat du renvoi d'une catégorie de ventes et de partages devant notaires, c'est d'assimiler ces opérations forcées à des opérations volontaires. Le propriétaire saisi sera astreint à discuter ses droits contre le saisissant devant le notaire, comme il discuterait le prix librement avec un acquéreur. Quant aux créanciers qui ont intérêt à s'opposer à une saisie, à une adjudication, qui peuvent être fictives, ils devront se présenter *sans conseils* devant le notaire ; ou du moins, s'ils se font assister par un conseil, les frais en resteront à leur charge.

En théorie, c'est là un système excellent ; mais il faut, dans un milieu idéal, supposer que chaque partie connaît ses droits, peut éviter un piége habilement tendu et se guider seule dans le dédale des purges, des priviléges et des antériorités. Autrement, celle qui se présente seule et de bonne foi peut être dépouillée par l'adresse de son adversaire.

Il serait inutile de revenir sur ce point déjà traité au sujet des justices de paix : les agents d'affaires deviendront, auprès de chaque étude de notaire, des avoués sans responsabilité.

En réalité, chaque partie aura forcément recours à leur intermédiaire ou à celui d'un conseil cherché au loin.

La vente sera renvoyée au village ; mais, pour se défendre au cours de la vente, chaque partie payera un intermédiaire ou ira consulter à la ville voisine. Ici encore, nous ne pouvons que le répéter, l'économie annoncée est fictive : en supprimant les frais qui représentent la défense de tous les intéressés, on ne peut supprimer la nécessité pour chaque partie de se défendre, et si les frais taxés sont moins élevés, ils n'en existeront pas moins *en dehors des taxes,* en vertu des mêmes causes et comme représentation des mêmes nécessités.

§ 51

L'absence des avoués rendra plus difficiles les opérations des adjudications. Dans la législation actuelle, ils sont les mandataires *secrets* des enchérisseurs, qui ne peuvent se présenter eux-mêmes à la barre du tribunal pour acquérir judiciairement.

C'est une garantie de liberté pour les acquéreurs, qui ne connaissent pas leurs concurrents, qui ne peuvent s'entendre avec eux ni craindre de leur déplaire ou de perdre des enchères. Mandataire secret, l'avoué s'engage sans que le public sache pour qui : son caractère, sa dépendance vis-à-vis du Parquet et de la chambre de discipline, répondent de sa discrétion. Il n'en sera plus de même quand les enchérisseurs seront en présence devant le notaire : l'amateur à découvert sera fatalement écarté par des concurrents qui s'entendront pour opérer entre eux toutes ces reventes illégales que l'on a trop souvent vu se produire après l'encan des commissaires-priseurs.

Ces dangers sont maintenant évités : les tribunaux peuvent renvoyer les ventes devant notaire pour éviter les frais, mais ils peuvent aussi les garder devant eux quand ils craignent une collusion, quand le notaire ne leur semble pas capable de bien diriger des opérations délicates. Chacun des 9,700 notaires ne présente pas, en effet, les mêmes garanties d'intelligence et d'expérience pour mener à bonne fin certaines liquidations obscures et démêler la vérité juridique au milieu d'affirmations contraires.

On espère remédier à cet inconvénient en ordonnant aux notaires d'en référer au président du tribunal toutes les fois que des créanciers inscrits élèveront des incidents à la lecture du cahier des charges ; mais un nouveau danger se révèle : ces incidents seront fréquents, ils accroîtront les frais, et la nécessité d'aller porter la minute de leurs actes devant le juge des référés compliquera singulièrement pour les notaires l'application de la loi actuelle. Quant à ces incidents, pourront-ils être vidés par un seul magistrat sans débats contradictoires, sans procédures pour en préciser la nature, sans avoués pour en expliquer la gravité ou en démontrer le peu de valeur, en présence des parties elles-mêmes ou seulement en face du notaire, qui ne pourra exposer complètement les droits de chacun?

§ 52

Cette dernière disposition équivaut à substituer le *juge unique* à la garantie donnée par la délibération impersonnelle d'un tribunal composé d'au moins trois juges; les questions les plus graves, relativement aux incidents de saisies, étant jugées sur simple requête par le président, il devient impossible de comprendre pourquoi l'on maintient un tribunal entier pour juger des procès de 600 francs! De tout temps la France a été habituée à voir les jugements, dans toute question importante, ressortir d'une discussion; elle ne se prête pas au système anglais, et les traditions nationales, à tort ou à raison, se sont formé de la justice un idéal auquel ne répond pas suffisamment un seul magistrat jugeant sans plaidoirie.

Mais, de plus, il est fort douteux que la vente pardevant notaire soit, pour les biens inférieurs à 5,000 fr., toujours préférable à la vente faite aux criées. Sur ce point les avoués peuvent avoir des opinions contraires à celles du notariat, et l'intérêt particulier de chaque corporation nuit jusqu'à un certain point à la parfaite exactitude des calculs.

Les frais sont à peu près les mêmes, mais les garanties ne sont point égales. Il n'est point, en réalité, de procès dans lequel le demandeur et le défendeur aient des intérêts plus contraires qu'un saisissant et un saisi; nos vieilles lois l'avaient si bien senti que de la vente résultant d'une saisie immobilière elles avaient fait un véritable procès. Nos nouvelles lois chargeraient les notaires d'être, en quelque sorte, les arbitres de ces différends et de représenter les intérêts les plus contraires par l'effort d'une impartialité que les rapports de clientèle rendront souvent difficile.

A cet égard, comme en ce qui concerne l'absence de sécurité d'enchères faites publiquement devant notaire, les tribunaux ont bien souvent manifesté des scrupules dont il serait juste de tenir compte. Il est même démontré que toute surenchère formée devant notaire entraîne des frais supérieurs à ceux de la même procédure suivie judiciairement, et nous chercherions en vain à résumer cet ensemble de critiques mieux qu'il ne se trouve indiqué dans un jugement rendu par le tribunal de Caen le 3 décembre 1862.

C'est là un document important : il résume admirablement l'opinion qu'aurait émise l'un des tribunaux les plus occupés de l'Empire, si le Gouvernement avait jugé nécessaire de faire précéder d'une enquête les projets que nous discutons :

« ... Le tribunal de première instance de Caen a rendu publiquement le jugement suivant :

« Le 3 décembre 1862,

« Étant à la suite d'une requête présentée par M. Eugène L. D.., demeurant à Ussy, et joints — ladite requête tendant à faire renvoyer la vente des immeubles dépendant de la succession du Père Saint-François Daniel L. D. devant Me Muller, notaire à Caen ;

« Vu la requête, etc.

« Attendu, en ce qui concerne le mode de vente, qu'il appartient aux tribunaux de choisir celui qui leur paraît le plus avantageux dans l'intérêt des créanciers de la succession bénéficiaire ;

« Attendu que les immeubles composant ladite succession sont situés dans les communes de Saint-Martin de Fontenay et Saint-André de Fontenay, voisines de Caen ; — que les parties reconnaissent qu'ils peuvent être vendus sans inconvénient dans cette ville, puisqu'elles demandent que la vente ait lieu devant un notaire de Caen ;

« Attendu que les immeubles à vendre sont divisés en dix-huit lots.. ;

« Attendu que si l'adjudication était renvoyée devant un notaire, les habitants desdites communes qui voudraient acquérir, se trouvant directement en présence et connaissant leurs intentions réciproques, se concerteraient entre eux en établissant à l'avance une sorte de partage des immeubles, de manière à ne pas enchérir les uns sur les autres ;

« Attendu qu'il pourrait se faire aussi qu'il se trouvât parmi les enchérisseurs un propriétaire influent qui écarterait par sa seule présence les petits concurrents qui auraient l'intention de lui disputer un morceau de terre à sa convenance ;

« Attendu qu'il ne serait pas au pouvoir du notaire d'empêcher ces abstentions et ces transactions qui se font le plus souvent dans son étude, à son insu, quelques instants avant la mise aux enchères;

« Attendu d'ailleurs que les amateurs sont dans l'habitude de prendre connaissance du cahier des charges chez le notaire; que leurs noms et leurs intentions se trouvent ainsi connus et laissent ouverture aux dangers qui viennent d'être signalés;

« Attendu que ces dangers n'existent pas ou sont beaucoup moindres à l'audience des criées; qu'en effet, ceux qui voudront enchérir choisiront secrètement leurs avoués, qui vérifieront seuls le cahier des charges sans qu'on sache dans quel intérêt; que chaque avoué aura seul le secret du nom et des intentions du client, qui pourra même s'abstenir de paraître à l'audience; et que, les concurrents s'ignorant respectivement, il y aura des chances sérieuses de vendre aux conditions les plus avantageuses;

« Attendu, en outre, que les frais, qui doivent être pris aussi en considération, seront moins considérables devant le tribunal que devant un notaire;

« Attendu qu'il résulte en effet des vérifications faites au greffe tant sur les jugements d'adjudication que sur les procès-verbaux de ventes des notaires dont le dépôt se trouve audit greffe par suite de surenchères portées, que, si les frais sont les mêmes dans les deux modes de vente jusqu'à la rédaction du cahier des charges, cette rédaction est beaucoup plus coûteuse lorsqu'elle est faite par un notaire; qu'il en est de même de la grosse d'adjudication; qu'ensuite cette grosse elle-même, s'il y a plusieurs adjudicataires, est annexée, après sa transcription, à la minute de vente, et que les extraits délivrés à chaque adjudicataire contiennent en moyenne vingt rôles et se payent 66 fr. 50 c., tandis que, devant le tribunal, on ne délivre à chaque adjudicataire qu'un simple extrait qu'il fait transcrire et qui ne coûte en moyenne que 40 fr.

« Attendu que, si une surenchère avait lieu, comme il faut le prévoir, surtout dans une vente composée de dix-huit lots, l'augmentation relative des frais serait beaucoup plus considérable encore, parce qu'il y aurait nécessité de déposer au greffe, pour servir de minute d'enchère, une expédition *in extenso* du cahier des charges délivrée par le notaire; que le greffier aurait à percevoir un droit de dépôt ; tandis que, si la vente se fait à l'audience des criées, cette expédition et ce droit de greffe sont évités;

« Attendu enfin que la longueur du cahier des charges rendrait nécessairement plus longs et plus coûteux les extraits qui en seraient délivrés après l'adjudication sur surenchère;

« Attendu que le tribunal a les éléments, etc.

« Le tribunal..., ordonne que les immeubles désignés en la requête soient vendus aux enchères publiques à la barre du tribunal, etc. »

A ce tableau des inconvénients que présentent déjà les ventes devant notaires, nous en ajouterons une autre : *l'absence de taxe des honoraires*. En pratique, il est bien rare que les parties présentes devant un notaire fassent taxer ses honoraires par le président. Une loi, qui permettra aux notaires de procéder seuls à toutes les opérations des ventes, les autorise à prélever sur le produit de ces ventes tout ce qu'ils jugeront convenable, et si des abus sont réprimés, en quelques cas, de la part des avoués par leurs chambres de discipline et par les tribunaux, on peut redouter des abus aussi graves et moins faciles à découvrir de la part du notaire rural, seul juge entre toutes les parties intéressées à une vente, seul appréciateur de ce qui doit lui revenir sur le prix.

§ 53

Ni cette opinion, qui est partagée par un grand nombre de bons esprits, ni la pénible situation de tous ceux qui vivent dans le mouvement des affaires judiciaires, n'ont arrêté l'œuvre radicale de la révision du Code de procédure. Telle qu'elle est actuellement — à l'état de projet libellé en articles, mais soumise à l'examen du Conseil d'Etat, qui peut la modifier, — cette œuvre considérable peut se résumer rapidement d'après les différentes publications qui en ont été faites.

Elle débute par une série de réformes sur l'utilité et l'efficacité desquelles chacun sera d'accord.

Il s'agit, en effet, de supprimer dans toutes les saisies immobilières, quel que soit leur taux, la signification du titre en tête du commandement et d'indiquer simplement, dans le commandement, l'acte exécutoire sans le reproduire ; — de signifier au domicile élu tous les actes relatifs à saisie, opposition, offre, appel ; — de remplacer la transcription de la dénonciation de saisie par une simple mention faite à la suite de la transcription et en même temps qu'elle ; — de supprimer la notification au procureur impérial exigée par l'article 692 du Code de procédure ; — de supprimer la lecture du cahier des charges ; — d'ordonner au premier surenchérisseur de faire faire mention de la dénonciation de sa surenchère à la suite de cette surenchère ; — d'ordonner la signification d'un simple extrait du jugement d'adjudication au lieu de la signification totale exigée par l'article 716.

En ce qui concerne les incidents de saisie immobilière on propose de maintenir les anciens articles de 718 à 724 et les articles 726, 728, 729, 731 à 734, 738 à 741 et 742, mais de supprimer la mise en cause du créancier inscrit (article 725) en autorisant seulement ce dernier à faire appel du jugement qui ordonnerait la distraction des immeubles saisis dans les délais impartis par l'article 731, — d'étendre les dispositions de l'article 730 en rendant tout jugement par défaut non susceptible d'opposition ; — enfin de rendre le fol enchérisseur tenu, même par corps, de fournir compte des fruits et revenus.

§ 54

En ce qui concerne la conversion, on propose de substituer au jugement sur requête ordonné par l'article 745 une simple ordonnance rendue sur requête par le président du tribunal de la situation des biens saisis; on propose aussi de laisser aux parties le droit absolu de demander le *renvoi devant notaire*, de supprimer tout *émolument pour le nouveau cahier des charges* dans le cas où la conversion est ordonnée après le dépot du premier cahier des charges; — enfin de combler une lacune du Code en permettant au président d'accorder sans appel au débiteur saisi, frappé déjà d'une ordonnance autorisant la vente, un sursis pour la réalisation de la vente.

L'ancienne procédure de saisie immobilière disparaît complétement dans ce projet pour les biens dont la contribution foncière n'excède pas 10 francs. Elle disparaît par conséquent pour les incidents de cette procédure.

Le créancier poursuivant signifierait un commandement au débiteur saisi en énonçant le titre en vertu duquel il agit. Le procès-verbal de saisie disparaît. Le commandement (1) doit contenir élection de domicile chez un avoué du tribunal du ressort; il est transcrit dans les trente jours. Dans les huit jours de la transcription, le saisissant et le saisi peuvent se présenter *en référé, s'ils sont d'accord*, et faire pro-

(1) Ce commandement contiendrait le rôle de la contribution foncière des biens saisis, au bas duquel le percepteur certifierait sans frais les chiffres indiqués.

noncer la conversion, *par ordonnance* mise au bas du commandement et désignant le notaire commis. A défaut de conversion, l'avoué du saisissant, dans un délai maximum de quinze jours, poursuit une ordonnance qui commettra le notaire, qui pourra supprimer les placards (dans tous les cas, le procès-verbal constatant l'apposition des placards est supprimé) et défendre l'insertion dans les journaux. Cette ordonnance n'est susceptible d'aucun recours; elle ne sera ni levée, ni signifiée, mais seulement *remise en minute au notaire*. Puis le notaire dresse son cahier de charge, le poursuivant fait sommation au saisi et aux créanciers inscrits d'en prendre connaissance. Ces sommation sont faites dans la huitaine de la date du cahier de charges. Si des contestations s'élèvent, le notaire en dresse *un procès-verbal en énonçant le jour et l'heure où les parties intéressées devront se présenter devant le président pour faire statuer sur ces difficultés. La seule lecture de ce procès-verbal aux parties intéressées vaudra assignation*. Si le débiteur saisi ou les créanciers inscrits se font assister d'un conseil pour prendre communication du cahier des charges, les honoraires du conseil sont à leur charge.

Au jour fixé pour l'adjudication, le notaire recevra les enchères de toute personne sans ministère d'avoué. Toute personne pourra, dans la huitaine, former une surenchère du sixième au moins dans les mains du notaire, qui pourra également refuser de la recevoir pour raison d'insolvabilité. Dans ce cas la partie sera libre, dans les vingt-quatre heures, de l'assigner devant le tribunal.

§ 55

Relativement aux ventes d'immeubles appartenant à des mineurs, les mêmes principes sont appliqués. Cependant la délibération du conseil de famille, exigée par l'art. 953, est soumise, sur simple requête, au tribunal, qui l'homologuera par une mention mise au bas de ladite délibération et désignera le notaire.

Mêmes principes aussi pour les procédures relatives aux immeubles dotaux, dépendant d'une cession de biens, d'une succession vacante ou en deshérence.

On propose enfin d'autoriser le partage *amiable*, même quand des mineurs y sont intéressés. Pour garantir les intérêts de ceux-ci, la loi exigerait seulement : une expertise pour estimer les biens, un partage devant notaire, une homologation du tribunal rendue sur requête. Les lots pourraient être formés et composés d'après les droits et intérêts de chacune des parties, sans tirage au sort.

Dans le cas où les parties ne pourraient tomber d'accord pour un partage amiable, une simple requête sera présentée au tribunal, qui statuera : aucune procédure ne sera faite. En cas de désaccord entre les parties pour le choix d'un seul avoué poursuivant et signataire de la requête, elle sera signée de tous les avoués, mais il n'y aura qu'un seul émolument pour tous les actes de la procédure. Si les droits des copartageants sont inégaux, le tribunal pourra autoriser les parties à former et composer les lots d'après l'importance de leurs droits respectifs et *à les attribuer aux ayants droits sans tirage au sort*. Dans ce cas, s'il y a des mineurs ou des interdits, le tribunal, avant d'homologuer le partage, ordonnera une nouvelle réunion du conseil de famille et pourra nommer un ou trois experts pour estimer les biens et examiner la composition des lots.

§ 56

L'économie la plus réelle que présente l'ensemble de ces dispositions est relative aux frais des saisies immobilières. On a essayé d'en résumer le montant dans le tableau suivant, qui s'applique aussi bien à la saisie d'un bien de 300 fr. qu'à celle d'un immeuble de 5,000 fr. — Mais ce tableau, qui est comme la justification matérielle des réformes, n'est pas complet et prête à plus d'une critique :

	Timbre.		Enregistrement.		Conservateur des hypothèques.		Huissier.		Avoué.	
	fr.	c.	fr.	c.	fr.	c.	fr	c.	fr.	c.
Commandement	2	»	2	20	»	»	2	50	»	»
Visa	»	»	»	»	»	»	»	50	»	»
Vacation pour se procurer la matrice du rôle et le certificat du percepteur	»	»	»	»	»	»	3	»	»	»
Transcription du commandement.	1	50	»	»	»	75	»	»	»	»
Vacation à l'avoué ou à l'huissier.	»	»	»	»	»	»	»	»	3	»
Ordonnance du président	»	50	3	30	»	»	»	»	»	»
Vacation à l'avoué.	»	»	»	»	»	»	»	»	5	»
État des inscriptions (cinq inscriptions)	1	50	»	»	5	»	»	»	»	»
Vacation à le requérir	»	»	»	»	»	»	»	»	3	»
Cahier des charges.	2	»	2	20	»	»	»	»	»	»
Sommation aux créanciers inscrits et à la femme (sept copies).	4	50	7	70	»	»	6	»	»	»
Mention aux hypothèques.	»	»	»	»	1	»	»	»	»	»
Vacation	»	»	»	»	»	»	3	»	»	»
Placard original.	1	»	»	»	»	»	»	»	»	»
Exemplaires, en moyenne.	3	»	»	»	»	»	»	»	»	»
Affiches	1	25	»	»	»	»	»	»	»	»
Impressions.	*Mém.*		»	»	»	»	»	»	»	»
Insertions, exemplaires légalisés	*Mém.*		»	»	»	»	»	»	»	»
	17	25	17	60	6	75	15	»	11	»

34 85 (Timbre et Enregistrement) — 32 75 (Conservateur, Huissier, Avoué)

34 85
32 75
67 60

Il semble résulter de ce tableau que l'État touchera seulement 34 fr. 85 c. sur une vente de 5,000 fr. — Mais si on y ajoute :

Les droits d'enregistrement. . .	345 fr.	» c.
L'expédition en 12 rôles	36	»
Une vacation à la transcription et le port des pièces.	5	»
Le coût de la transcription	20	»
On trouve un total de frais *en sus* de. . .	406 fr.	» c.

Soit	406 fr.	» c.
Taxe d'autre part.	67	60
On doit ajouter :		
1° Les honoraires du notaire (1 1/2 p. 100 sur 5,000 fr.).	150	»
2° Les frais d'un incident au moins :		
1° Rédaction d'un procès-verbal par le notaire	1	50
2° Droit de rédaction.	5	»
A reporter.	630 fr.	10 c.

Report. . . .	630 fr. 10 c.
3° Enregistrement.	2 50
4° Vacation du notaire devant le président, frais de transport	20 »
5° Vacation de deux avoués en référé	22 50
Au total, une vente de 5,000 fr. coûtera	675 fr. 10 c.

De plus, toutes les fois que les insertions dans les journaux et les affiches, nécessaires presque toujours pour appeler les enchérisseurs, seront ordonnées par le président du tribunal, les frais seront accrus de la somme de 100 francs, *indiquée au* § 39, et s'élèveront ainsi à 775 francs.

Sur cette somme il reviendra à l'État : 420 francs environ.

Mais dans cette somme les avoués n'entrent que pour 33 fr. 50 c. — Les *conseils*, les mandataires des parties, ne sont point taxés. Les frais représentés par ces intermédiaires nécessaires, répartis sur toutes les parties intéressées, représentent au moins 125 fr.

Les déboursés montent ainsi au total à 900 fr.

Nous avons dépouillé un grand nombre d'états de frais, et le plus élevé de ceux relatifs à des ventes de

5,000 francs faites hors Paris s'élève à 1,059 francs, comme on l'a vu au § 39.

Sur cette somme l'État perçoit 628 francs 11 centimes, soit pour lui-même, soit pour ses agents.

En résumé, en prenant pour exemple le chiffre de 1,059 francs, qui pourrait être abaissé, et celui de 900 francs, qui n'est peut-être qu'un minimum, on voit quelle sera la réforme.

Sans doute pour les ventes de 500, de 1,000 francs, elle produit une économie plus appréciable ; mais son effet le plus certain sera d'augmenter les saisies, les licitations judiciaires, et d'accroître ainsi les recettes du Trésor.

Un régime de *proportionnalité*, une réforme dans les taxes en maintenant l'intervention des tribunaux, n'eût pas amené le même résultat.

§ 57

Il ne nous appartient pas d'indiquer comment cette réforme aurait pu être combinée, nous nous bornerons à démontrer qu'elle eût été parfaitement conciliable avec certaines simplifications excellentes du projet, et en même temps avec le maintien de l'intervention indispensable des tribunaux.

Dégrever les plaideurs pauvres en assurant un régime égal à la propriété foncière, tel est le problème.

Pour les commandements tendant à saisie immobilière au-dessous de 5,000 francs, il eût été facile de n'employer que les huissiers de justice de paix et d'appliquer le tarif des justices de paix. Dès lors le commandement aurait coûté :

Original.	1 fr. 50 c.
Copie.	» 38 c.
Timbre.	1 fr. »
Enregistrement.	1 fr. 15 c.
	4 fr. 03 c. au lieu de 8 fr. 55 c.

Les frais du procès-verbal de saisie auraient pu être rendus proportionnels : par exemple, 2 francs au-dessous de 500 francs, 3 francs de 500 à 1,000 francs. — Économie de 10 *francs environ.*

La dénonciation de la saisie pouvait être supprimée et remplacée par la copie du procès-verbal de saisie. — Economie : 10 francs 35 centimes.

Au lieu de 7 francs 50 centimes, la transcription de saisie et la vacation à la transcription (4 fr. 50 c.) pouvaient être rendues proportionnelles.

— Les frais de rédaction du cahier des charges étaient susceptibles des mêmes réductions. Le papier timbré à 50 centimes pouvait être substitué à celui de 1 franc 50 centimes — Le nombre des lignes à la page pouvait facilement être porté à trente. — Sur ce point l'économie aurait pu être considérable.

Au lieu du droit de greffe, actuellement de 15 francs pour le dépôt du cahier des charges, beaucoup trop considérable pour les petites ventes, pourquoi ne pas créer un droit proportionnel et remplacer l'expédition de l'acte de dépôt par le simple bulletin du greffe?

Toutes les formalités de publication du cahier de charges, les sommations aux créanciers de prendre communication du cahier de charges se prêtaient, à de grandes simplifications : le poursuivant pourrait faire prévenir les parties par lettres rédigées par huissier.

Dans les ventes de biens de mineurs, l'acte de demande, la requête, le droit d'obtention de jugement, se prêtaient à l'établissement d'un tarif proportionnel.

De plus, comme le jugement qui ordonne la vente d'immeubles appartenant à des mineurs doit, d'après l'article 955, déterminer la mise à prix de chacun de ces immeubles et les conditions de la vente, il eût été possible de suppléer par le jugement même au dépôt d'un cahier de charges dans toutes les petites ventes.

De même la signification aurait pu être tantôt supprimée, tantôt suppléée par une signification du dispositif avec sommation d'assister à la vente et de prendre communication du jugement.

Quant aux frais d'affiches, d'insertions dans les journaux, il était facile de les réduire dans les petites ventes, d'exiger seulement la désignation du lot sans qu'il fût permis de dépasser un nombre de lignes proportionnel à l'importance de la vente. — La légalisation de la signature de l'imprimeur est une formalité qui aurait pu être de même supprimée. — La liberté dans le choix du journal destiné à recevoir les annonces établirait aussi une concurrence, et, par conséquent, un abaissement dans les frais d'insertion.

Les droits pour la fixation des mises à prix et les vacations à l'adjudication se prêtaient admirablement à une tarification proportionnelle.

Personne ne peut contester que dans les ventes de peu d'importance il eût été facile de délivrer à l'acquéreur un simple certificat soumis à un tarif proportionnel, au lieu de l'extrait d'adjudication, qui coûte une somme importante.

Enfin, dans le but de décharger la petite propriété et d'établir une proportion exacte dans les frais, il aurait été juste d'établir à côté du *minimum* d'émoluments pour les officiers ministériels un *minimum* d'impôt pour le Trésor, en déchargeant les ventes au-dessous de 1;000 francs, par exemple, de partie des droits fiscaux qui les grèvent. Une réforme appliquée d'après ce système aurait dégrevé le public sans apporter une modification radicale à la procédure et sans causer un trop grand préjudice aux officiers ministériels. Elle eût exigé de la part des magistrats taxateurs un travail nouveau, plus délicat, plus minutieux; mais c'est un surcroît d'occupation que la magistrature eût certainement accepté ; elle eût enfin été toujours conciliable avec le renvoi des adjudications devant notaire chaque fois que l'intérêt des parties le réclame.

§ 58

A la suite de ces observations générales, il importe de faire quelques réserves sur les *partages par attribution*, dont le rétablissement a été sollicité (1).

Un père de famille meurt laissant des héritiers parmi lesquels les uns sont majeurs et les autres mineurs. La loi veut que l'hérédité soit partagée en lots

(1) Voir une brochure savante de M. Michot, notaire à Coulommiers, et les numéros du *Journal des notaires* des 1er et 8 décembre 1866.

égaux et que ces lots soient tirés au sort. Elle ne permet un lotissement de convenance que dans le cas où les copartageants sont majeurs; mais en même temps la loi et la jurisprudence autorisent le tuteur des mineurs dans la part desquels sont tombés des biens qui ne leur conviennent pas à les échanger contre ceux qui composent un autre lot; — seulement cet échange ne peut avoir lieu qu'après une délibération du conseil de famille, homologuée par le tribunal, sur l'avis de trois jurisconsultes.

On a souvent demandé que le partage amiable pût s'accomplir quand même il se trouverait des mineurs parmi les coïntéressés. Le Code sarde, le Code de la Louisiane, l'ont admis; dans la discussion de la loi de 1841 un orateur l'a réclamé (sans grand succès, il est vrai), et les conseils de famille paraissent à beaucoup de bons esprits offrir une garantie sérieuse à la défense des mineurs.

Quand on sait cependant comment sont composés la plupart des conseils de famille, combien de parties s'y font représenter par des mandataires; quand on sait tout ce que l'intérêt inspire, combien il est habile à dissimuler son but caché, on doit redouter que la simplification apparente dont on vante les effets n'enlève une garantie indispensable à tous ceux qui ne peuvent se défendre. Le Code civil avait bien jugé la nature humaine en exigeant le tirage au sort : chacun craignant d'avoir pour sa part les lots mal formés, veille à leur égalité. Dans ce nouveau système chacun trouvera, au contraire, des raisons fort plausibles pour mettre dans la part des mineurs les biens dont personne n'aurait voulu, et les tribunaux, appelés à homologuer simplement des opérations dans le détail desquelles il faudrait entrer pour y découvrir ces combinaisons secrètes, ne pourront plus protéger efficacement les mineurs.

S'ils les protégent, en effet, quand il s'agit d'échanger un lot avec un autre, quand la comparaison est à faire entre tel ou tel bien, leur sera-t-il loisible, sans ordonner toujours des expertises coûteuses, d'apprécier la valeur d'un partage détaillé, minutieux, complet?

Ce n'est donc pas sans crainte pour l'avenir que nous verrions enlever aux mineurs la garantie que leur donne la loi : cette garantie parfois est un inconvénient, mais plus souvent elle est protectrice, et quelle est la protection qui n'impose jamais une charge?

§ 59

Sur ce point, du reste, que les avis soient partagés; sur d'autres, que les simplifications proposées soient heureuses, comme nous le croyons; que, par exemple, il soit logique de ne plus exiger dans le commandement tendant à saisie la reproduction intégrale du titre; que, dans la simplification de la procédure de saisie immobilière au-dessus de 5,000 fr., le réformateur ait bien fait d'abréger des exigences trop grandes, ce n'est point le côté grave de cette question.

Ici nous avons voulu prouver que ce qui était grave, c'était de confier à des juges de paix et aux notaires une mission attribuée jusqu'alors aux tribunaux.

Nous avons voulu prouver, de plus, que cette révolution de procédure, fût-elle nécessaire, ruinait des avoués, des greffiers, des huissiers, et que, par conséquent, dans sa forme tout au moins, elle était blâmable, puisqu'elle n'a admis ni compensation ni remboursement partiel.

Les détails d'exécution importent donc peu : ce

sont les chiffres, les situations atteintes, l'esprit même de la loi, qu'il faut considérer. Et cet esprit n'est pas sans danger. Sous une apparence démocratique, en paraissant tout sacrifier au peuple, en s'abritant derrière l'intérêt qu'inspirent les petits procès qui durent trop longtemps, les petites ventes qui coûtent trop cher, elle détourne l'opinion publique du véritable but vers lequel tendent tant d'efforts législatifs.

Ce but, c'est *une simplification dans le nombre des tribunaux opérée sans indemniser les officiers ministériels*, et une augmentation dans le nombre des saisies immobilières et des actes soumis à l'*enregistrement*. Mathématiquement, logiquement, ce résultat serait atteint deux ans après l'application de lois semblables.

Il y aurait extinction des plus petits tribunaux faute d'affaires.

Il y aurait diminution dans le nombre des avoués faute d'émoluments.

Il est impossible de le contester en voyant qu'après avoir renvoyé devant le juge de paix un grand nombre de procès, le projet de loi attribue au président (jugeant *seul*, non pas même, comme en référé, dans une audience publique et avec l'assistance du greffier, mais dans son cabinet, *ou son hôtel*, sans procédure, sans plaidoiries) les incidents qui peuvent s'élever au cours des saisies, des licitations, des ventes judiciaires renvoyées devant notaires.

Tout le monde sait qu'il a même été question de faire trancher ces incidents par le juge de paix, et,si ce système n'a point triomphé, le résultat des projets n'en serait pas moins l'annihilation des tribunaux. Jugeant sans appel des questions beaucoup plus graves que celles qui sont la plupart du temps soumises à un tribunal ou même à une Cour, le président acquerrait une véritable omnipotence : la gradation des attributions, l'échelonnement des compétences, exigeant d'autant plus de magistrats qu'il s'agit de questions plus difficiles, seraient renversés, et la juridiction des référés, qui devrait être limitée aux questions urgentes, et ne pouvoir jamais engager le fond même d'un débat, prendrait une extension vraiment dangereuse.

A ce point de vue si grave, pour établir l'étendue du coup porté aux tribunaux civils, il est temps de résumer les chiffres qui ont été espacés dans ce travail pour lui enlever quelque peu de son aridité.

Les tribunaux civils perdront :

1° Un huitième *au moins* des cent soixante-dix mille affaires civiles, tant sommaires qu'ordinaires, terminées en moyenne chaque année par les tribunaux.

Nous avons indiqué (§ 21) combien cette évaluation, faite sur un tribunal qui tient le trentième rang dans les comptes rendus de la justice civile, donne un chiffre probablement inférieur à celui de la réalité. Nous démontrerons plus bas que dans beaucoup de tribunaux de sixième classe le nombre des affaires au-dessous de 500 francs est de près d'un tiers ;

	affaires.
Soit.	21,800
2° Sur le chiffre des affaires restantes, d'après la statistique, il faut enlever toutes les ventes, licitations, etc., au-dessous de 5,000 francs. *En moyenne*.	10,294
3° Toutes les conversions	708
4° Les deux tiers au *minimum* de deux mille cent vingt-trois surenchères. . . .	1,500
5° *Idem* des deux cent cinq folles enchères.	150
6° Les deux tiers des mille six cent vingt-deux incidents indiqués sans détail dans les statistiques.	1,000
7° Sur vingt mille procédures d'ordre	
A reporter.	35,452

Report.	35,452
ou contribution non inscrites au rôle général et ne figurant point dans le chiffre total de cent soixante-dix mille, il en est une fraction importante qui sera forcément réglée amiablement par les notaires en même temps que les saisies, ventes ou licitations, et qui ne reviendra point devant les tribunaux; soit environ.	5,000
8° Les partages faits par attribution, au-dessus de 5,000 francs, diminueront, dans une proportion qu'il est impossible d'indiquer, les licitations ou ventes au-dessus du taux de 5,000 francs.	*Mémoire.*
Total.	40,452

Qu'on se garde de croire que ces chiffres, posés comme des moyennes, donnent une idée exacte des résultats de la réforme. Ici encore nous répétons qu'il est des tribunaux sur lesquels elle frappera plus rudement que sur d'autres, et l'on s'en convaincra en rapprochant des indications de la page 48 le tableau suivant relevé au rôle général de quatorze tribunaux des quatrième, cinquième et sixième classes, avec une exactitude qui nous est attestée :

TRIBUNAUX DE :	Total des affaires inscrites au rôle en 1864.	Total des affaires au-dessous de 500 fr.
Barcelonette.	43	15
Castellane.	54	30
Saint-Claude.	66	30
La Réole	108	60
Saint-Calais.	76	30
Guingamp.	133	60
Rocroi.	134	51
Gaillac	169	45
Morlaix	90	30
Vannes	123	40
Quimper.	111	40
Bayonne.	106	40
Rambouillet	144	50
Montreuil-sur-Mer. . . .	160	50

§ 60

Personne n'admettra sérieusement que les tribunaux qui ont actuellement déjà un nombre d'affaires à peine suffisant pour occuper cinq magistrats, un greffier et quatre avoués, puissent survivre au coup irréparable dont ils sont menacés.

La dignité de la magistrature est intéressée à ce que le sort de ces tribunaux soit rapidement tranché, car la dignité disparaît dans une sinécure, et, d'ailleurs, un mouvement de concentration opéré de tout temps, remarquable surtout depuis un siècle, a déjà marqué pour une mort prochaine un certain nombre d'arrondissements judiciaires et donné tout à la fois une importance nouvelle et inattendue à un certain nombre de villes. Ainsi, avant la Révolution, il y avait vingt siéges de justice au moins dans le territoire qu'embrasse le département de Seine-et-Oise. La loi du 23 août 1790 y créa neuf tribunaux, et par conséquent neuf arrondissements (Versailles, Mantes, Pontoise, Rambouillet, Étampes, Corbeil, *Saint-Germain, Montfort, Montmorency*). Maintenant six tribunaux, conservés par les lois postérieures, ne sont plus nécessaires, malgré l'accroissement des procès, dans un territoire sillonné par les chemins de fer.

La tendance constante de la France a été, comme on le voit, de restreindre le nombre des juridictions, d'augmenter l'importance de celles qui existaient dans les villes populeuses et d'éteindre celles qui siégeaient dans les petites villes. A l'heure actuelle, trois cent soixante-dix tribunaux sont aussi inutiles que cinq cent quatre-vingts en 1790.

Et l'on veut nous donner deux mille neuf cent trente-huit petits tribunaux nouveaux! Quand la raison, l'expérience, la loi constante des choses judiciaires, tendent à étendre les rayons de chaque ressort, on veut tuer les trois cent soixante-dix tribunaux civils pour développer les deux mille neuf cent trente-huit justices de paix! On veut ramener dans le canton, dans le prétoire du juge de paix ou dans l'étude des notaires, quarante mille affaires qui de tout temps ont été chercher des juges au chef-lieu d'arrondissement, et pourraient maintenant en aller trouver plus loin!

Les auteurs des projets que nous combattons ont certainement prévu cette objection, et ils savent qu'au lendemain de leur réforme il en faudrait une autre. La seule question est de savoir sous quelle forme elle pourra s'accomplir.

§ 64

Par cela même que nous croyons ce travail de révision prochain, nous devons désirer que la question du remboursement des offices soit nettement tranchée. Admettre en principe que la situation acquise par les officiers ministériels peut être amoindrie sans indemnité, c'est permettre d'accomplir la suppression d'un grand nombre de tribunaux par la seule force des choses, au lieu de l'opérer par la force régulière et toujours équitable de la loi. Et la réforme ne s'arrêtera pas à ces petits tribunaux dans lesquels il n'y aura plus trois avoués, où les procès au-dessus de 500 fr. seront une rareté, les ventes un événement, où les audiences auront lieu *quelques fois;* elle s'étendra à certains siéges plus occupés, mais qui sont, grâce aux chemins de fer, à une faible distance d'un autre tribunal. A côté de la *suppression* s'accomplira la *fusion.* Enfin les Cours qui ne comptent dans leur ressort que deux ou trois départements seront atteintes, et une nouvelle organisation judiciaire, meilleure, plus égale, plus simple, plus logique, sera faite non-seulement sans frais, mais avec économie, puisque la dépense que représente chaque tribunal et chaque Cour supprimée sera déduite du budget.

Tout le monde alors reconnaîtra qu'il n'est pas indispensable d'avoir un tribunal dans chaque chef-lieu d'arrondissement (1), qu'il est inutile de conserver une Cour impériale pour juger moins de cent cinquante appels par an (2).

(1) Déjà, dans les Alpes-Maritimes, l'arrondissement de Puget-Théniers n'a point de tribunal.

(2) La Cour d'Angers a rendu, en 1861, 122 arrêts; celle de Colmar, 140; tandis qu'avec le même nombre de magistrats la Cour de Nîmes en rendrait 456 et celle de Montpellier 454.

Mais la réforme ainsi opérée aurait un vice capital si elle renvoyait toute une série de procès devant une juridiction qui ne peut les juger, toute une série de ventes devant des notaires qui ne pourraient assurer la défense de tous les intérêts.

Elle garderait surtout une tache originelle : la ruine des offices, si l'on ne proclamait pas la nécessité d'une indemnité.

§ 62

La commission qui touche au Code de procédure doit envisager sous toutes ses faces ce problème, et, puisque la résolution est énergiquement prise, en accepter toutes les charges. Elle ne peut rien faire de complet et de durable sans revoir les tarifs, pour qu'ils deviennent proportionnels ; sans indemniser les officiers ministériels, pour qu'ils ne soient pas ruinés ; sans fusionner plusieurs tribunaux, pour qu'ils soient occupés. Elle formera ainsi un nombre moins considérable de villes judiciaires où les grandes affaires, les ventes importantes, pourront compenser la perte occasionnée par le dégrèvement des procès et des ventes moins rémunératoires ; elle constituera dans une situation meilleure les officiers ministériels maintenus, et, en diminuant la charge de chaque plaideur, elle assurera plus de travail et par conséquent plus de dignité à tous les propriétaires d'offices.

Une œuvre aussi considérable nécessitera des sacrifices : il faut rembourser les offices supprimés, en calculant le nombre strictement nécessaire pour les besoins du public; renoncer à une division du territoire parfaitement égalitaire; tenir compte, pour l'établissement des tribunaux, des conditions topographiques; reconnaître franchement que, les transactions étant d'autant plus fréquentes qu'elles sont moins coûteuses, l'État peut compenser ce qu'il perdra par un remboursement.

Voilà — s'il faut une nouvelle loi — ce que son premier article doit reconnaître implicitement.

Ensuite le champ serait libre, puisque tous les intérêts seraient garantis; il serait ouvert aux légistes, qui pourraient librement reconstituer une procédure meilleure.

C'est un plan tout contraire qui est suivi : on propose de décréter un nouvel édifice sans avoir préparé le sol qui doit le recevoir, on le fait trop petit pour abriter tous ceux qui habitaient l'ancien; on reconstitue la machine judiciaire trop faible pour le fardeau que la loi lui impose. Faudra-t-il donc laisser les uns sans asile, les autres en danger de périr dans l'inaction?

Il semble que l'architecte habile qui a combiné cette reconstruction ait été astreint à mille ménagements, et qu'autour de lui on ait répété sans cesse : « Ne diminuez pas les recettes ! — Ne touchez pas aux arrondissements ! — Laissez les offices s'éteindre ! » Parfois, ceux qui ont pour mission de construire un monument sont obligés de l'adosser à des constructions plus anciennes qu'il écrase, et dont les ruines mêmes l'étouffent. L'expérience a démontré que rien de stable et d'utile ne pouvait s'édifier ainsi.

Mais si cette expérience doit être tentée encore, et si, avec le même nombre de tribunaux, un sixième des affaires doit être renvoyé devant une autre juridiction, tous ceux dont la propriété, acquise sous les garanties les plus légales, avec les formes les plus administratives, va se trouver compromise ou perdue, ont le droit de réclamer une indemnité. Diminuer dans une proportion énorme les revenus d'une propriété, c'est l'atteindre dans son principe même ; et aux inquiétudes des officiers ministériels de nos arrondissements demandant comment ils pourront vivre il est impossible de répondre par le mot cruel de M. d'Argenson : « *Je n'en vois pas la nécessité.* »

§ 63

Nos mœurs n'admettent pas ce sacrifice des intérêts privés. Quand la suppression des courtiers de commerce a été décidée, il a, en même temps, été posé en principe qu'ils seraient remboursés sur le prix de la valeur de leurs charges. La loi ne diminue en rien l'importance des opérations commerciales, chaque courtier pourra donc conserver une partie importante de sa clientèle, et cependant il recevra une indemnité représentative d'une éviction complète.

Au contraire, les greffiers, les avoués, les huissiers, tout en conservant, il est vrai, leur privilége, vont voir diminuer considérablement l'importance des procédures judiciaires.

La situation des officiers ministériels sera donc plus gravement atteinte que celle des courtiers, et si l'indemnité est juste pour ces derniers, elle est indispensable pour les premiers.

Représenterait-elle une charge accablante pour le budget?

Nous ne le croyons pas, et un simple calcul peut établir ce qu'il en coûterait pour appliquer radicalement les projets de révision du Code de procédure *tels qu'ils sont formulés maintenant.*

1° En supprimant immédiatement les tribunaux que la réforme aurait pour effet de réduire au-dessous d'un *minimum* d'affaires facile à fixer (100 par exemple), en supprimant également ceux qui peuvent être fusionnés avec d'autres, le Gouvernement réaliserait une économie sur les frais de justice. De plus, les officiers ministériels des tribunaux dont le ressort s'accroîtrait devraient participer au rachat des offices supprimés dans les arrondissements voisins. Une véritable ventilation pourrait être faite entre les trois intéressés : l'État, les officiers ministériels supprimés, les officiers ministériels bénéficiant de la suppression.

2° En supprimant les affaires de 200 à 500 fr., il faudrait établir, d'après les statistiques, leur nombre moyen durant les cinq dernières années dans chaque tribunal, et, d'après les taxes, les émoluments qu'elles produisaient pour les greffiers, les avoués et les huissiers. Les émoluments sont en moyenne et au *minimum*, pour ces trois catégories d'officiers ministériels, de 22 francs. Soit, pour 21,800 affaires supprimées, 479,600 francs par an.

3° En supprimant les ventes, licitations, etc., au-dessous de 5,000 francs, le même calcul devrait être effectué.

Pour chaque catégorie d'officiers ministériels la répartition de la perte se chiffre ainsi : — 1° *Greffiers*. En moyenne une vente au-dessous de 5,000 francs produit 30 fr. (communication du cahier des charges, 0.15 c.; émolument pour l'acte de dépôt, 1.50 ; moyenne du droit de rédaction, 1.25; expédition, en moyenne, 12 fr. ; déclaration de command, 2 fr.). — 2° *Avoués*. Les calculs précédemment faits établissent que la moyenne de leurs émoluments est de 120 francs. — 3° *Huissiers*. En répartissant sur les huissiers la même série d'actes, on trouve un total de 20 francs environ. En résumé, 170 francs pour les trois catégories d'officiers ministériels. Sur 10,000 ventes, soit 1,700,000 francs par an.

4° Enfin, en supprimant les partages judiciaires, la conversion, etc., en établissant le dangereux système des partages par attribution, dont il est impossible de calculer toutes les conséquences, il y aura pour les greffiers, avoués et huissiers, sur les 10,000 procédures indiquées au § 60, une perte que l'on devrait évaluer à beaucoup plus de 80 francs par affaire. Soit approximativement 800,000 francs.

Au total, le préjudice serait par an de trois millions.

La répartition serait facile à opérer, puisque la chancellerie a posé comme moyenne, de tout temps, dans l'évaluation des offices, un revenu de 15 p. 100

pour les huissiers et avoués, de 12 pour 100 pour les greffiers, et le chiffre total ne monterait pas aussi haut que l'indemnité qui va être payée aux courtiers de commerce, et qu'on évalue déjà à plus de cinquante millions.

Faut-il appliquer radicalement les nouveaux projets? On doit alors, dans ces justes proportions, indemniser les officiers ministériels.

Faut-il chercher un remède meilleur et moins coûteux aux abus de certaines procédures? Il suffit de réviser les tarifs, de diminuer le nombre des tribunaux sans toucher à la compétence des juges de paix, et d'indemniser les officiers ministériels des tribunaux supprimés.

Telles sont les deux alternatives que nous avons envisagées.

Ces pages ont gardé la forme sous laquelle, en partie, elles ont été déjà publiées. Écrites pour formuler des réclamations justes et multiples, elles ne traitent qu'une partie de la question, puisqu'elles n'entrent point dans tous les détails des réformes proposées et laissent aux juges compétents le soin d'en montrer les défauts. Dictées par le désir d'éclairer l'opinion publique, elles ont suivi ses courants et s'adressent surtout au public, qui ne peut apprécier que l'ensemble de pareilles réformes. Est-il besoin d'ajouter qu'en combattant librement ce qui nous paraît être ou l'inutile bouleversement de nos procédures et de nos compétences, ou une expropriation indirecte sans indemnité, nous avons toujours espéré qu'il suffirait d'indiquer ce danger pour empêcher que rien de ce qui est injuste ne fût adopté, que rien de ce qui constitue une propriété ne fût atteint sans une équitable compensation ?

NOTES

DÉCOMPTE GÉNÉRAL DES FRAIS FAITS DANS LA VENTE SUR LICITATION INDIQUÉE PAGE 92.

	DROITS d'ENREGISTREMENT y compris LE TIMBRE.	DROITS de GREFFE.	DROITS de L'AVOUÉ.	DROITS de L'HUISSIER.	DROITS de L'IMPRIMEUR.	DROITS de L'AFFICHEUR.	DROITS des HYPOTHÈQUES.	GREFFIER de JUSTICE DE PAIX.
CHAPITRE PREMIER *Frais de l'Avoué poursuivant.*								
Coût minute de la délibération du conseil de famille qui autorise le mineur à accepter le bénéfice d'inventaire	16 40	» »	» »	» »	» »	» »	» »	14 05
Vacation de l'avoué pour faire l'acceptation au greffe	» »	» »	2 25	» »	» »	» »	» »	» »
Coût minute de cette acceptation payé au greffe	5 60	» »	2 20	» »	» »	» »	» »	» »
Assignation en partage	4 30	» »	» »	1 88	» »	» »	» »	» »
Visa de cette demande au greffe	» »	» 25	» »	» »	» »	» »	» »	» »
Vacation à faire viser la demande	» »	» »	1 15	» »	» »	» »	» »	» »
Placet	» »	» »	1 »	» »	» »	» »	» »	» »
Mise au rôle du placet	1 59	» 26	» »	» »	» »	» »	» »	» »
Bulletin de distribution	» »	» 10	» »	» »	» »	» »	» »	» »
Avenir à l'audience	1 58	» »	» »	» 25	» »	» »	» »	» »
Constitution par suite de changement d'avoué	1 58	» »	» »	» 25	» »	» »	» »	» »
Droit alloué à l'avoué pour la fixation des mises à prix	» »	» »	25 »	» »	» »	» »	» »	» »
Conditions signifiées	1 58	4 69	» »	» 25	» »	» »	» »	» »
Droit d'obtention de jugement	» »	» »	22 50	» »	» »	» »	» »	» »
Appel de cause	» »	» »	» »	» 25	» »	» »	» »	» »
Qualités signifiées	3 08	» »	7 04	» 25	» »	» »	» »	» »
Coût minute et expédition du jugement	35 15	3 90	» »	» »	» »	» »	» »	» »
Signification de ce jugement à avoué	2 58	» »	3 »	» 25	» »	» »	» »	» »
Signification à domicile (une copie)	4 80	» »	3 »	1 88	» »	» »	» »	» »
Cahier de charges en seize rôles	9 15	» »	24 »	» »	» »	» »	» »	» »
Vacation à le faire déposer au greffe	» »	» »	2 25	» »	» »	» »	» »	» »
Coût du certificat de dépôt	9 40	16 60	» »	» »	» »	» »	» »	» »
Signification du jugement au subrogé tuteur, avec sommation	4 80	» »	3 »	1 88	» »	» »	» »	» »
Sommation à l'avoué d'assister à la vente	1 58	» »	» 91	» 25	» »	» »	» »	» »
Original d'affiches	2 65	» »	4 50	» »	» »	» »	» »	» »
Douze feuilles de timbre à trois francs, pour placards	35 »	» »	» »	» »	» »	» »	» »	» »
Coût de l'impression des placards et des affiches et timbre des affiches	13 40	» »	» »	» »	45 40	» »	» »	» »
Rédaction de l'extrait pour l'insertion	» »	» »	1 50	» »	» »	» »	» »	» »
Coût de l'insertion	» »	» »	» »	» »	38 »	» »	» »	» »
Vacation à faire légaliser la signature à l'imprimeur	» »	» »	1 50	» »	» »	» »	» »	» »
Enregistrement du journal	1 15	» »	» »	» »	» »	» »	» »	» »
Requête à fin d'insertion sommaire	3 95	» »	1 50	» »	» »	» »	» »	» »
Rédaction de l'extrait pour le journal	» »	» »	1 50	» »	» »	» »	» »	» »
Coût de l'insertion	» »	» »	» »	» »	7 40	» »	» »	» »
Rédaction et extrait pour un autre journal	» »	» »	1 50	» »	» »	» »	» »	» »
Coût de l'insertion	» »	» »	» »	» »	9 25	» »	» »	» »
Procès-verbal d'apposition de placards	2 30	» »	5 »	14 25	» »	» »	» »	» »
Payé à l'afficheur pour apposition d'affiches	» »	» »	» »	» »	» »	8 25	» »	» »
Droit de lots de l'avoué (trois lots)	» »	» »	36 »	» »	» »	» »	» »	» »
Droit de lot de l'huissier	» »	» »	» »	11 25	» »	» »	» »	» »
Timbre de l'État pour la taxe	1 »	» »	» »	» »	» »	» »	» »	» »
TOTAL	165 21	25 80	144 33	32 90	100 05	8 25	» »	14 05
CHAPITRE DEUXIÈME *Frais de l'Avoué des défendeurs présent à la vente.*								
Constitution	1 58	» »	» »	» 25	» »	» »	» »	» »
Conclusions signifiées	1 58	» »	4 69	» 25	» »	» »	» »	» »
Conclusions déposées	» »	» »	1 »	» »	» »	» »	» »	» »
Bulletin	» »	» 10	» »	» »	» »	» »	» »	» »
Obtention du jugement	» »	» »	22 50	» »	» »	» »	» »	» »
Vacation à prendre connaissance du cahier des charges	» »	» »	4 50	» »	» »	» »	» »	» »
Timbre de deux états	1 »	» »	» »	» »	» »	» »	» »	» »
TOTAL	4 16	» 10	32 69	» 50	» »	» »	» »	» »
CHAPITRE TROISIÈME *Adjudication trois lots.*								
Vacation aux avoués pour se rendre adjudicataires	» »	» »	33 75	» »	» »	» »	» »	» »
Timbre et enregistrement de la quittance des frais de poursuite	4 56	» »	» »	» »	» »	» »	» »	» »
Remise proportionnelle de 1 fr. 50 payée à l'avoué poursuivant pour l'avoué adjudicataire	» »	» »	74 80	» »	» »	» »	» »	» »
Enregistrement et minute du jugement d'adjudication sur 4,995	345 70	» »	» »	» »	» »	» »	» »	» »
Extrait du jugement d'adjudication	37 18	6 »	» »	» »	» »	» »	» »	» »
Vacation à faire transcrire	» »	» »	4 50	» »	» »	» »	» »	» »
Coût de la transcription	14 45	» »	» »	» »	» »	» »	10 90	» »
TOTAL	401 89	6 »	113 05	» »	» »	» »	10 90	» »
TOTAUX	571 26	31 90	290 07	33 40	100 05	8 25	10 90	14 05

TOTAL GÉNÉRAL. . . . . **1059 FR. 97 C.**

II

Nous avons dressé, d'après la statistique de 1861, qui nous a seule pu fournir les chiffres relevés sous le § 22, le tableau suivant des ventes au-dessous de 5,000 francs :

Cours de :				Cours de :			
Agen.	150	sur	270	*A reporter*. .	4,173	sur	7,284
Aix.	167		393	Limoges	347		498
Amiens.	552		818	Lyon.	342		681
Angers.	208		477	Metz	319		482
Bastia	12		18	Montpellier. . .	262		436
Besançon. . . .	355		533	Nancy	415		651
Bordeaux. . . .	292		650	Nîmes	415		649
Bourges	146		271	Orléans	193		325
Caen.	632		1,023	Paris.	784		1,964
Chambéry . . .	127		212	Pau	204		358
Colmar.	293		518	Poitiers.	238		420
Dijon.	382		594	Rennes.	395		864
Douai.	471		878	Riom.	452		640
Grenoble. . . .	386		629	Rouen	371		700
				Toulouse. . . .	202		391
Report. . .	4,173		7,284		9,149		16,339

3628. — Paris, imprimerie Jouaust, rue Saint-Honoré, 338.

EXTRAIT DU CATALOGUE

BERTIN, avocat. — Chambre du conseil en matière civile et disciplinaire. 1856. 2 vol. in 8. 16 »

BIOCHE, avocat. — Nouveau Formulaire de procédure civile, commerciale et criminelle, contenant dans l'ordre alphabétique les modèles de tous les actes, leur tarif, etc. 4e édition. 1863. 1 fort vol. in-8. 9 »

——— Dictionnaire de procédure civile, commerciale et criminelle, contenant la jurisprudence, etc. 4e édition, mise au courant de la législation jusqu'en 1863. 1864. 6 vol. in-8. 48 »

BOURSY, juge d'instruction à Rambouillet. — Essai de réforme de la procédure de contribution judiciaire. 1862. In-8. 2 »

CAMPENON (T.). — Le Code de commerce et les lois commerciales; commentaire usuel indiquant sous chaque article les solutions théoriques et pratiques de la jurisprudence. 1865. In-32, broché. 2 »

——— Le Code Napoléon; commentaire usuel indiquant sous chaque article les solutions théoriques et pratiques de la jurisprudence. 1865. In-32. 2 50

CHAUVEAU (Adolphe) et **GODOFFRE** (Ambroise). — Commentaire du tarif en matière civile, dans l'ordre des articles du Code de procédure. 2e édit. 1864-65. 2 forts vol. in-8. 16 »

DE ROME, procureur impérial à Quimper. — Considérations sur la loi relative à l'instruction des flagrants délits devant les tribunaux correctionnels. 1864. In-8. 3 »

GAUDRY, ancien bâtonnier. — Histoire du Barreau de Paris, depuis son origine jusqu'à 1830. 2 vol. in-8. 1865. 12 »

GREFFIER (E.), directeur des affaires civiles au ministère de la justice et des cultes. — Des cessions et des suppressions d'offices. 2e édition. 1865. In-8. 3 »

MOLLOT. — Règles de la profession d'avocat, suivies 1° des usages, lois et règlements, 2° des précédents du Conseil de l'ordre à Paris. 2e édition, revue et très-augmentée. 1866. 2 vol. in-8 16 »

VANNIER, juge au tribunal de Cherbourg. — Etude pratique sur l'ordre amiable. 1864. In-8. 2 »

VERDIER, avocat. — Traité sur la transcription en matière hypothécaire. 1865. 2 vol. in-8. 15 »

Paris, imprimerie Jouaust, rue Saint-Honoré, 338.

www.ingramcontent.com/pod-product-compliance
Ingram Content Group UK Ltd.
Pitfield, Milton Keynes, MK11 3LW, UK
UKHW031850260826
14628UKWH00002B/697